LA TRISOMIE EST UNE TRAGÉDIE GRECQUE

Jean-Marie Le Méné

LA TRISOMIE EST UNE TRAGÉDIE GRECQUE

SALVATOR
103, rue Notre-Dame-des-Champs
F-75006 Paris

103, rue Notre-Dame-des-Champs F-75006 Paris
www.editions-salvator.com
salvator.editions@wanadoo.fr

Maquette intérieure : Atlant'Communication
Maquette de couverture : LysDesign

ISBN : 978-2-7067-0651-6

Introduction

La trisomie est une tragédie grecque : c'est l'histoire d'une découverte scientifique qui se retourne contre ceux qu'elle doit servir.

En 1959, Jérôme Lejeune découvre un chromosome supplémentaire sur la 21e paire d'un enfant mongolien. Il en découle une révolution scientifique qui inaugure la voie de la génétique moderne et une révolution humaniste qui change le regard sur les personnes handicapées mentales. Désormais on ne parle plus de mongolisme mais de trisomie 21. Et la médecine se prépare à faire son devoir de toujours : traiter celui qui souffre de la trisomie.

Mais, très vite, la présence du chromosome 21 supplémentaire sera utilisée à contre-emploi pour supprimer le malade, faute de pouvoir supprimer la maladie. Lejeune, personne ne l'a oublié, s'est illustré dans son opposition à ce qu'il considérait comme une remise en cause de l'art médical. En vain. Le dépistage de la trisomie est, aujourd'hui, systématique, généralisé et remboursé. Et 96 % des enfants trisomiques dépistés sont avortés.

Or, les ressorts de ce qui constitue la première politique publique de discrimination génétique dans le monde sont largement méconnus. Ce sont eux qui constituent le drame. Ces ressorts sont si peu raisonnables et si peu compassionnels qu'ils provoquent l'indignation. Certaines pages pourront paraître dures mais elles relatent des faits et jamais elles ne portent le moindre jugement sur les femmes, les familles, les médecins, les scientifiques. Beaucoup d'entre eux – et ils en conviennent d'ailleurs – sont victimes d'un système qui s'est imposé progressivement et qui, lui, est dénoncé.

Tel est l'effet attendu de la tragédie : produire de la peur mais aussi de la compassion. Beaucoup de choses sont à craindre si nous continuons sur cette pente. Mais les raisons de ne pas désespérer sont plus fortes. Et la perspective de rendre aux personnes trisomiques ce qui leur est dû, de rechercher pour elles, pour leurs familles et pour la société, les bienfaits d'une découverte qui n'a pas encore tenu toutes ses promesses, est un réel espoir.

Tout est grec dans la trisomie : le mot, la dramaturgie, le regard des parents déchirés par des choix inhumains, le sacrifice des plus faibles, mais aussi, au-delà de la tragédie, le bleu éternel du ciel et de la mer qui donne une grandeur inestimable à tout séjour terrestre, même diminué aux yeux du monde.

Cinquante ans après la découverte de la trisomie, à l'orée d'un nouveau millénaire, l'épilogue de cette tragédie reste à écrire. Il ne tient qu'à chacun d'entre nous de l'humaniser, sous le signe de la connaissance et de la beauté, dans le respect du mystère même de la vie. Oui, nous le pouvons.

ACTE I

LA DÉCOUVERTE DE LA TRISOMIE 21

Non, je ne croirai point, ô ciel, que ta justice
Approuve la fureur de ce noir sacrifice
Iphigénie

FIN 2008, LE MINISTÈRE DE LA CULTURE a publié, dans la brochure officielle des célébrations nationales 2009, un article qui rappelle le 50e anniversaire de la découverte de la trisomie 21. Fin 2008, encore, la cérémonie des *Victoires de la médecine* a compté, parmi ses lauréats, la découverte de la trisomie 21. Pourquoi tant d'empressement à commémorer cet événement ? Que se serait-il passé si Jérôme Lejeune et son équipe, en 1959, n'avaient pas découvert la trisomie 21 ?

Quelques rappels historiques, scientifiques et médicaux

Jérôme Lejeune, âgé de vingt-cinq ans, n'était pas le personnage célèbre que l'on décrit aujourd'hui. Il était un simple médecin, jeune diplômé, notablement doué, qui venait de rentrer dans le service de pédiatrie du Pr. Raymond Turpin à l'hôpital Saint-Louis, puis de le suivre à l'hôpital Trousseau, à Paris.

Là, on lui confie le soin de s'occuper des enfants mongoliens qui arrivent dans le service. Il ne connaît pas les enfants mongoliens, ni ce qu'on appelait bizarrement le mongolisme, en tout cas pas plus qu'un autre médecin. Il avait fait sa thèse, la première, celle de médecine, sur l'effet des radiations ionisantes. On était loin du mongolisme.

Alors, curieux de nature, il s'informe, il observe, il examine. L'un des premiers signes qui attire son attention, c'est la particularité des lignes de la main – des plis palmaires comme on dit savamment – des enfants mongoliens. Ils n'ont qu'un pli palmaire unique. Cette signature au creux de la main aura une importance non négligeable dans la démarche du médecin. Pour le Dr Lejeune, elle était l'un des témoins qui indiquait que l'anomalie dont souffraient les mongoliens remontait loin dans la vie anténatale de ces enfants. L'anomalie datait du moment où s'impriment les lignes de la main, soit très tôt dans l'existence. Il ne pouvait s'agir que d'un événement constitutionnel, c'est-à-dire qui apparaît dès la phase embryonnaire.

En même temps, Jérôme Lejeune constate que le mongolisme n'est pas héréditaire : les parents d'enfants mongoliens ne sont pas mongoliens et les autres enfants de la famille ne le sont pas davantage. Alors, qu'est-ce qui lui fait penser quand même à un désordre génétique inhabituel ?

Nul doute que la récente découverte du nombre exact des chromosomes dans l'espèce humaine a joué un rôle décisif. Ici, il faut rappeler que la connaissance précise du nombre de nos 46 chromosomes est proche. Ce sont deux savants, Tjio et Levan, en 1956, qui ont fixé définitivement ce nombre. Avant eux, on n'était sûr de rien et les données les plus fantaisistes circulaient. Pour parvenir à cette découverte, les deux scientifiques avaient mis au point une technique qui permettait un décompte assuré des chromosomes, séparés, étalés et non pas embobinés en pelote. Car la difficulté était là. Comment ne pas compter deux fois les mêmes ni oublier les plus petits ? C'est ainsi qu'une technicienne du service du Pr. Turpin, Marthe Gautier, a été envoyée aux États-Unis, en 1957, pour recueillir des maîtres la méthode de décompte et de photographie des chromosomes et la rapporter à Paris.

Mais, comment Jérôme Lejeune a-t-il eu l'idée non seulement de compter les chromosomes des enfants mongoliens mais surtout de suspecter une perturbation de leur nombre ? À force d'observer ces enfants et de prendre la mesure des nombreuses caractéristiques de leur pathologie, en particulier du retard mental dont ils souffrent, il a été conduit à induire une hypothèse inédite. Les multiples désordres dont sont affligés les enfants mongoliens pourraient ne pas s'expliquer par un seul ou quelques gènes, estime-t-il alors, mais ils résulteraient plutôt de modifications qui affectent un ensemble plus vaste, un bloc de gènes, c'est-à-dire un chromosome entier. Non pas un grand chromosome, contenant un grand nombre de gènes, parce que les conséquences démesurées rendraient impossible la vie de la personne atteinte. Mais un petit, avec peu de gènes, le plus petit des chromosomes, oui, pourquoi pas. Loin des sentiers battus de ce que la génétique connaissait déjà, l'hypothèse du chromosome supplémentaire a été une démarche scientifique originale tirée des faits observés chez les enfants malades.

Restait à vérifier l'hypothèse. Un vénérable microscope, dont la crémaillère usée avait été réparée par Jérôme Lejeune avec du papier de tablette de chocolat, était posé sur un chariot à malades. C'est sur cet instrument improbable, en 1958, avec l'austérité de moyens habituelle de l'hôpital public, qu'il fit le premier décompte d'un génome déséquilibré à 47 chromosomes. Il mit au point, ensuite, la pratique du caryotype, sorte de « couper-coller » avant la lettre, regroupant par paire sur une grande feuille tous les chromosomes photographiés, classés et numérotés pour faciliter le décompte. Les trois petits 21 alignés y figuraient à leur place. Le travail se poursuivit en 1959, qui fut l'année des publications signées Lejeune, Gautier, Turpin. Pourquoi trois noms ? Parce que la procession est immuable quand on publie : le découvreur signe en premier, le ou les collaborateurs ensuite, le patron ferme la marche.

La découverte fut accueillie avec enthousiasme dans le monde entier. Lejeune et son équipe venaient de montrer que ce qu'on appelait le mongolisme était dû à la présence d'un troisième chromosome supplémentaire sur la 21e paire. C'était la première anomalie chromosomique découverte chez l'homme. Et aussi la première mise en relation d'un génotype – caractéristiques d'un génome – et d'un phénotype – caractéristiques d'un individu. Jamais, on n'avait imaginé jusqu'alors qu'une maladie qui touche le génome, une maladie génétique, ne soit pas héréditaire. Cette maladie rendait compte de la première cause de retard mental dans le monde, survenant avec la fréquence d'une naissance sur 650 ou sur 700. C'était donc une maladie qui était loin d'être rare. Jérôme Lejeune voulut lui donner un nom. Il choisit de ne pas l'appeler la maladie de Lejeune, comme un immodeste conseil l'exhortait à le faire. Mais il inventa le mot trisomie qui – en grec – signifie trois chromosomes, pour mettre en valeur le sens scientifique de sa découverte, et il ajouta le nombre 21 pour préciser sa localisation dans le génome. Aussi, la deuxième thèse de doctorat du Dr Lejeune, en sciences, fut-elle consacrée à la trisomie 21. Il faut la lire. Comme une fable de La Fontaine ou un prélude de Bach, la découverte de la trisomie 21 sous la plume de son auteur paraît si évidente, si lumineuse, si naturelle, qu'on réalise sur le champ qu'il est probablement compliqué d'être simple.

C'est cette fulgurance qui lui valut d'être honoré par le prix Kennedy, remis par le président des États-Unis en personne, puis par la Memorial Allan Award Medal, qui représente la plus haute distinction au monde dans le domaine de la génétique. Depuis Jérôme Lejeune, il y a cinquante ans, plus personne n'a jamais eu ce prix en France.

Ce que la découverte a changé pour la science, les familles, les malades

Mais le principal titre de gloire de cette découverte originale était ailleurs. Il était presque davantage dans la signification qu'elle avait pour la connaissance scientifique, pour les familles et pour les malades, pour la société tout entière.

Un médecin britannique, John Langdon Down, avait en effet publié en 1866 un article intitulé « *Observations sur une classification ethnique des idiots* » dans lequel il s'exprimait en ces termes :

> Un très grand nombre d'idiots congénitaux sont typiquement mongols [...] Les cheveux ne sont pas noirs, comme chez les vrais Mongols, mais de couleur brune, raides et étriqués. La face est plate et large, et dénuée de proéminence. Les joues sont rondes et élargies latéralement. Les yeux sont placés en oblique, et les canthi internes sont anormalement distants l'un de l'autre. La fissure palpébrale est très étroite. Le front est plissé transversalement [...]. Les lèvres sont larges et épaisses avec des fissures transversales. La langue est longue, épaisse et râpeuse. Le nez est petit. La peau a une teinte légèrement jaunâtre, déficiente en élasticité, donnant l'apparence d'être trop large pour le corps [...]. Il ne peut y avoir aucun doute que ces caractéristiques ethniques sont le résultat d'une dégénérescence [...]. Le type mongolien d'idiotie représente dix pour cent des cas qui se sont présentés à moi. Ce sont toujours des idiots congénitaux et jamais la conséquence d'accidents après la vie intra-utérine [...]. Ils ont une capacité considérable d'imitation [...]. Ils sont comiques [...]. Ils sont habituellement capables de parler ; le langage est simplet et indistinct mais peut être amélioré grandement

> par une méthode bien dirigée de gymnastique de la langue. La faculté de coordination est anormale, mais pas si défectueuse qu'elle ne puisse être grandement renforcée.

Autrement dit, pour Down, la maladie qu'il appelle « *idiotie mongoloïde* » est une dégénérescence. Une dégénérescence de la race blanche vers la race jaune. Et Down a laissé son nom à la description de cette maladie – le syndrome de Down – qui est toujours utilisé aujourd'hui dans les pays anglo-saxons.

La modestie n'est pas toujours bonne conseillère et l'on se demande, à la lecture de ce texte édifiant, s'il n'eût pas été préférable que la trisomie 21 portât le nom du médecin français qui en avait découvert la véritable origine scientifique et la décrivait de la sorte :

> Avec leurs yeux un peu obliques, leur nez petit dans une face ronde et leurs traits incomplètement ciselés, les enfants trisomiques 21 sont plus enfants que les autres. Tout enfant a les mains courtes et des doigts courts ; les leurs sont plus courts. Toute leur anatomie est comme arrondie, sans aspérité ni raideur. Leurs ligaments, leurs muscles ont une souplesse qui donne une tendre langueur à leur façon d'être. Et cette douceur s'étend à leur caractère :

expansifs et affectueux, ils ont un charme spécial plus facile à chérir qu'à décrire.

Ceci n'est pas pour dire que la trisomie 21 soit une condition désirable. C'est une maladie implacable qui prive l'enfant de la qualité la plus précieuse que nous confère notre patrimoine génétique : la pleine puissance de la pensée rationnelle.

Cette combinaison d'une tragique erreur chromosomique et d'une nature réellement attirante révèle d'un coup d'œil ce qu'est véritablement la médecine : la haine de la maladie et l'amour du malade.

Autres temps, autres mœurs ? Pas si sûr. Entre ces deux textes, il y a cent ans mais il y a surtout deux visions du monde qui s'opposent. Down se limitait à une description clinique. Et, dès qu'il se risque à une explication scientifique, c'est la catastrophe : « *Il ne peut y avoir aucun doute que ces caractéristiques ethniques sont le résultat d'une dégénérescence.* » Or, ces caractéristiques ne sont ni ethniques ni le résultat d'une dégénérescence et encore moins d'une dégénérescence de la race blanche vers la race jaune. Le plus grave était d'affirmer qu'« *il ne peut y avoir aucun doute* ». Jérôme Lejeune a pris le parti contraire. Pour lui, il y avait un doute sur le fait que ces caractéristiques soient le résultat d'une dégénérescence. Il n'a pas inventé une explication, encore moins une théorie, sous l'effet de la mode, tentation à laquelle Down a succombé, et bien d'autres après lui. Il est parti de la réalité, a construit une hypothèse et l'a vérifiée.

Les conséquences de la vérité, quand elle sort de son puits à l'improviste, sont dérangeantes et salutaires. « *Qu'est-ce-que-tu-as-fait-au-Bon-Dieu-pour-avoir-un-enfant-comme-ça* », avait-on répété, de toute éternité, aux parents chavirés par la naissance d'un enfant pas comme les autres. Et chacun y allait de son couplet : le père boit... les frères et sœurs sont trop nombreux... évidemment c'est le dernier... la mère est épuisée... d'ailleurs est-ce qu'elle est bien sérieuse... est-ce qu'elle ne coucherait pas un peu partout... quand on regarde les membres de la famille ils ont quand même un petit quelque chose qui ne va pas... et puis ils sont tellement pauvres... La faute, voilà, c'était de leur faute, ils n'avaient qu'à être comme tout le monde ces gens-là, ça ne leur serait pas arrivé ! Depuis la nuit des temps, on a souvent expliqué les événements tragiques incompréhensibles par un décret divin sanctionnant une culpabilité. Pour ne pas parler de l'Ancien, dans le Nouveau Testament, certains interrogeaient les lépreux sur les fautes commises par leurs parents : « *Qu'ont-ils fait à Dieu ?* » Au milieu du XXe siècle, de ce point de vue, rien n'avait tellement changé. Il ne faut pas oublier – *horresco referens* – que les crédits publics français qui ont financé la découverte de la trisomie servaient à soigner les femmes de la syphilis, qu'on soupçonnait d'être potentiellement mères des mongoliens. Ce n'était pas au Moyen Âge, c'était en 1959.

Je conserve le souvenir, dans les années 1960, de gens qui parlaient de châtiment à propos de la naissance d'un enfant mongolien, prédisant le renouvellement de la punition dans la famille si elle ne s'amendait pas. J'ai vu une mère, tenant un enfant par la main, changer de trottoir, craignant sans doute que son petit n'attrape cette vilaine disgrâce, comme une rougeole de quartier. Il y a quelques années encore, dans une illustre institution de la République, je rencontrai une consœur, surdiplômée et très investie en politique, me confiant d'un air inspiré que les enfants trisomiques étaient souvent très violents... mais qu'elle n'en avait jamais rencontrés. Je vois toujours, aujourd'hui, y compris dans des écoles privées, des parents, bien comme il faut, exercer des pressions distinguées sur la direction pour qu'on ne crée pas de classes d'intégration d'enfants handicapés mentaux dans l'établissement qui accueille leur progéniture dorée. La peur, le dogme et la sentence.

La découverte de la trisomie 21 en 1959 ne pouvait pas être plus laïque et rationnelle ! Enfin, on mettait un terme à des délires répétés autant par ceux qui croyaient au Ciel que par ceux qui n'y croyaient pas. Non ! Ce n'est pas de la faute des parents ni de personne d'ailleurs. La trisomie est un accident, une sorte d'erreur d'aiguillage, qui intervient au moment de la méiose, c'est-à-dire de la répartition des chromosomes dans la fabrication des gamètes. Elle n'est pas héréditaire et peut arriver chez vous, chez moi, chez tout le monde. L'enfant trisomique n'est la sanction d'aucun comportement moral ou immoral, d'aucun péché ou d'aucun zèle, d'aucune défaillance physique ou intellectuelle chez ses géniteurs. Cet enfant est respectable parce qu'il est des nôtres, il est aimable parce qu'il n'y a pas de raison pour aimer, il est heureux comme tout un chacun, avec des hauts et des bas, et surtout il n'est pas contagieux… Quant à la trisomie, on va s'en occuper !

Car la médecine, comme le vélo, avance avec deux roues, le diagnostic et la thérapeutique, et on ne peut pas toujours rouler sur la roue arrière. Il est indispensable de développer le diagnostic mais c'est la moitié du travail quand on est médecin. Or, Jérôme Lejeune était médecin par vocation. Alors, il est devenu chercheur par nécessité, ne parvenant pas à se résoudre à l'incurabilité de ses patients. Il n'y avait nul héroïsme dans cette attitude, seulement le devoir d'un médecin comme un autre désireux d'aller au bout de son art : soulager la souffrance de ceux qu'il n'avait pas choisis, qui lui étaient confiés et dont il connaissait la maladie mieux que d'autres parce qu'il en était le découvreur. N'importe quel médecin, probablement, aurait réagi comme lui.

Là où Lejeune a innové, en revanche, c'est dans la méthode proposée. Annoncer, il y a cinquante ans, des perspectives thérapeutiques pour les maladies génétiques, ce n'était pas banal. Personne ne l'avait fait avant lui, il a été le premier à l'enseigner en faculté de médecine et il a fallu du temps pour que la société finisse par y croire. On voulait bien substituer la génétique au courroux divin mais on n'était pas encore prêts à admettre que ce fatum n'était pas inéluctable. Très vite, Lejeune a donc montré le chemin et, encore une fois, de manière réaliste. La voie la plus rapide est la meilleure pour les patients, disait-il. Ceux-ci, en raison de la trisomie, surexpriment certains gènes répétés trois fois. Autrement dit, les réactions chimiques induites par certains gènes du chromosome surnuméraire sont excessives dans la proportion d'un tiers en trop. Il faut donc les doser, les réguler, les normaliser, en inhibant, par des médicaments, la partie surabondante du génome, pour espérer rendre aux patients les possibilités qu'ils portent en eux mais qu'ils ne peuvent exprimer convenablement. Au préalable, il est donc indispensable de connaître, en les étudiant, ces réactions biochimiques perturbantes produites par la trisomie 21.

La démarche du Pr. Lejeune n'était pas celle de la thérapie génique qui vise, en simplifiant, à remplacer un gène par un autre. Il la considérait comme très difficile à mettre en œuvre, ce qui s'est confirmé jusqu'à aujourd'hui. Il ne l'écartait pas par principe mais parce qu'elle lui aurait pris trop de temps et qu'il n'avait pas le droit de faire attendre ses patients. Les déconvenues de la thérapie génique lui ont, hélas, donné raison jusqu'à présent. La société a été priée de considérer un peu trop hâtivement que la connaissance du gène entraînait celle de la guérison. Cela dit, le message important pour tout le monde est de considérer qu'une maladie génétique peut se traiter et un jour se guérir. Cela doit être vrai aussi pour la trisomie. D'ailleurs, certaines pathologies d'origine génétique se traitent dès aujourd'hui et les patients peuvent vivre normalement. Mais c'est la voie biochimique et médicamenteuse, celle préconisée par Lejeune, qui donne les meilleurs résultats et c'est dans cette direction que les espoirs sont les plus sûrs pour le moment. Sauf la mort au bout du chemin, pour tout le monde, rien n'est donc écrit à partir d'un diagnostic. Entre ces deux moments extrêmes, le champ des possibles ne cesse de s'ouvrir pour la plupart des maladies génétiques, la durée de la vie aussi, et c'est heureux.

Pourtant, il y a une douzaine d'années, j'ai eu la surprise de recevoir un courrier d'une secrétaire d'État à la santé m'enjoignant de ne plus évoquer la possibilité pour la science de guérir un jour les personnes trisomiques, car c'était paraît-il impossible, et m'assénant comme un catéchisme que le dépistage généralisé était la seule solution. Curieuse lettre. Dieu sait si je suis prudent dans ce que je dis et j'écris. Jamais je n'ai fait et je ne ferai de fausses promesses dans ce domaine où la moindre des choses consiste à respecter le patient et sa famille en commençant par ne pas leur mentir. La volonté d'un ministre républicain d'exclure l'usage d'un mot, de prescrire la défaite intellectuelle et le désespoir obligatoire, m'a glacé le sang. Quelle est cette énigme ?

Quel maléfice s'est abattu sur la trisomie 21 pour que cette seule pathologie soit exclue d'une perspective thérapeutique promise à tous en partage ? Le mystère est insondable. Mais il faut se rendre à l'évidence, il y a un désordre génétique absolu, et c'est la trisomie 21. Il y a des patients auxquels on refuse l'horizon même d'une possible guérison, et ce sont les patients trisomiques 21. Il y a un état de vie qui ne se désigne que sous le vocable de handicap, surtout pas de maladie, pour bien montrer qu'il est et demeure sans solution, et c'est la trisomie 21. Il y a des crédits qu'on refuse à la recherche, et ce sont ceux destinés à étudier la trisomie 21. Il y a des consultations qui ferment et ce sont celles qui accueillent des personnes touchées par la trisomie 21. Que s'est-il passé pour que cette découverte étonnante entraîne un tel cortège de réactions négatives dont les effets n'ont fait que s'aggraver ? Pire, quelle est la seule maladie dont l'espérance de vie tend vers zéro, quelle est la seule maladie que le monde moderne a rendu mortelle alors qu'elle ne l'était pas ? Encore une fois, c'est seulement la trisomie 21.

De son vivant, le Pr. Lejeune s'est essayé à déchiffrer et à voulu combattre le mauvais sort réservé à ses patients. « *Quand la nature condamne,* disait-il, *le rôle de la médecine n'est pas d'exécuter la sentence, mais de chercher à commuer la peine.* » Rien d'original dans l'idée exprimée, sauf qu'il devient rare d'entendre formuler – aussi joliment – le serment d'Hippocrate. Dans les années 70, quand la menace s'est rapprochée de ses patients trisomiques, et que la seule solution proposée à la société était de les dépister pour les éliminer, Lejeune a fait le choix de rester non seulement leur médecin mais de se constituer aussi leur avocat. Comment aurait-il pu faire autrement ? Rien d'extraordinaire dans ce choix. On peut lui contester le parti pris de défendre des personnes handicapées mentales, au nom de tout ce qu'on voudra, de la souffrance des parents ou de l'inexistence juridique de l'enfant à naître, mais au moins la position de Jérôme Lejeune avait-elle le mérite de la rigueur, de la cohérence et de la fraternité.

Alors quoi ? Faut-il se résoudre à n'y rien comprendre et tout admettre ? N'y a-t-il finalement rien d'autre à faire que de conclure à l'évolution des techniques, des mœurs, de la loi qui ne fait que suivre les unes et les autres sans trop se poser de questions ? Le pire est-il toujours sûr ? Peut-être n'y a-t-il plus personne pour s'émouvoir de rien... Sommes-nous sortis de l'Histoire des hommes ?

Au cours de l'été 2000, à Rome, j'ai rencontré celui qui n'était encore que le cardinal Joseph Ratzinger. En tête à tête, chez lui, un long moment. Je lui avais demandé s'il accepterait de me préciser un événement dramatique de sa jeunesse qu'il avait évoqué dans une conférence publique. Alors, il m'a raconté l'histoire de son cousin mongolien, le fils de la sœur de sa mère, qu'il avait fréquenté autrefois, en Allemagne. Un jour, les nazis l'avaient emmené et l'enfant n'était jamais revenu, personne ne l'avait jamais revu. C'était dans les premières années de la guerre, en 1940. Je me souviens que le cardinal avait insisté sur deux points qui m'avaient frappé. D'une part, il considérait que l'eugénisme, en détruisant l'homme, détruit la notion d'humanité parce que nous devenons à la fois les juges et les créateurs de l'homme. Alors sur quels critères jugeons-nous ? Ensuite, il montrait qu'une société qui rejette la personne souffrante, qui n'est plus capable de la compassion qui transforme la souffrance, devient une société inhumaine. Il soulignait que le refus de la personne handicapée engendre le refus de la souffrance qui engendre l'élimination de l'amour. Parce que l'amour ne peut pas exister sans la souffrance, celle de se perdre soi-même pour l'autre, celle de l'altérité de l'autre... Au total, le cardinal s'étonnait, comme une chose vraiment incroyable que, cinquante ans après, on ait oublié cette expérience de l'inhumanité.

Oui, mais cela n'a rien à voir, c'était les nazis, objectera-t-on ! Et alors ? Le respect de la morale ne s'impose pas qu'aux nazis. Ce n'est pas parce que l'eugénisme a été pratiqué par les nazis qu'il peut l'être chez nous qui ne sommes pas des nazis. Drôle de raisonnement, souvent resservi, pétri de pharisaïsme et de naïveté, comme si la chance d'être en démocratie nous donnait le droit de faire presque n'importe quoi. Il y a peut être là une piste à explorer dans ce vertige de la transgression que nous nous autorisons sans beaucoup de limite. Car il y a longtemps que la loi positiviste, dans ce domaine, n'est plus que le procès verbal de nos abandons. Déconnectée de la morale, elle est devenue de fait un accélérateur de la transgression. Ce n'est plus le fruit défendu dans lequel nous croquons timidement, c'est l'arbre de la connaissance du bien et du mal tout entier que nous avalons avec gloutonnerie. C'est simple, au fond, ce qui est mal, nous l'avons appelé bien, et ce qui est bien, nous l'avons appelé mal.

La découverte de la trisomie était un progrès dans la connaissance de cette maladie qui devait donner à la science, à l'État, à la France, l'envie humaniste et les moyens techniques de parvenir à la guérison des malades. C'est l'inverse qui s'est passé : ce progrès dans la connaissance a produit une régression et fourni des outils de mort pour se débarrasser des malades dans leur plus jeune âge.

Le découvreur du sida n'aurait évidemment pas reçu le prix Nobel s'il avait préconisé l'euthanasie de ses malades. Au contraire, on le sait aujourd'hui, c'est parce qu'il ne préconisait pas l'euthanasie de ses malades, que Jérôme Lejeune n'a pas reçu le prix Nobel pour la découverte de la trisomie.

En écrivant : « *Où bien nous les guérirons de leur innocence, ou bien ce sera le massacre des innocents* », le Pr. Lejeune avait exactement dépeint ce qui est arrivé. C'est aujourd'hui le massacre des « innocents », reconnu, organisé, financé, célébré par la techno-science, le marché et l'État.

Jérôme Lejeune s'est éteint à la veille de la généralisation du dépistage de la trisomie 21 auprès de toutes les femmes enceintes, avec les conséquences que l'on sait.

Il est mort de chagrin parce qu'en définitive on ne meurt jamais que de chagrin. Comme souvent, le cancer a été le travestissement du chagrin. Il fallait bien trouver une sorte d'élégance pour ne pas blesser ceux qui n'auraient pas compris.

Mais n'avoir pas su empêcher la mort d'un enfant – d'un seul – est un motif suffisant pour mourir de chagrin chez une âme bien née.

« *Que cette négation de toute la médecine, de toute la fraternité biologique qui lie les hommes soit la seule application pratique actuelle de la connaissance de la trisomie 21 est plus qu'un crève-cœur* », écrivait-il.

Jérôme Lejeune est mort d'un crève-cœur, comme il l'avait annoncé. Tel est le seul destin possible des grands amoureux.

ACTE II

LE RETOURNEMENT DE LA TRISOMIE CONTRE LES TRISOMIQUES

J'ignore pour quel crime
La colère des dieux demande une victime
Iphigénie

S'IL N'Y A PAS DE RAISONS POUR AIMER, il faut des raisons pour ne pas aimer. Pourquoi aime-t-on si peu les enfants trisomiques en France qu'ils sont éliminés à 96 %[1] avant la naissance, ce qui représente le taux le plus élevé d'Europe ? Avançons une explication : ne serait-ce pas pour des raisons de « croyances » ? Comme l'ostracisme dont faisaient l'objet les enfants mongoliens avant la découverte de la trisomie, leur destruction *in utero* semble symétriquement fondée sur les mêmes croyances. Ces croyances, je les désigne au pluriel et les qualifie négativement

---

1. Boyd P. et al, *Survey of prenatal screening policies in Europe for structural malformations and chromosome anomalies, and their impact on detection and termination rates for neural tube defects and Down's syndrome*, BJOG 2008 ; 115 : 689-696.

parce qu'elles échappent à la rationalité, au sens commun, à l'évidence. En ce sens, il serait plus juste de parler de croyances idolâtres, magiques ou païennes. Mais, à ces caractéristiques s'ajoutent parfois une cléricature, un dogmatisme, une casuistique, véritables caricatures d'une religion institutionnelle.

À ce stade de la réflexion, il faut repréciser que le propos n'est pas d'accabler quiconque, surtout pas de juger des parents qui souffrent ou des médecins qui croient bien faire. L'État, c'est une autre affaire et nous y reviendrons au chapitre suivant. Mon intention n'est pas de dresser un catalogue de reproches mais de tenter d'expliquer cet inexplicable qui nous accable, en prenant le modèle d'une parodie de religion.

Il est en effet invraisemblable, en simples termes de probabilité mathématique, que la totalité, ou presque, des enfants trisomiques dépistés soient avortés. Il est sans précédent qu'un État démocratique se dote d'un appareil quasi policier pour améliorer sans cesse ses performances eugénistes. Il est historique que cette pratique de déshumanisation très quotidienne ne suscite pas beaucoup de réaction d'indignation de la part du corps social ni de la part des autorités morales. Il serait normal que nous ayons au moins quelques prophètes persécutés mais les prophètes exercent ailleurs leurs talents. En ces matières, nous imaginons vivre dans une société de plus en plus scientifique, laïque et généreuse alors que nous nous en éloignons. Nous évoluons plutôt vers une société scientiste, « cléricale » et asservie par l'argent.

Les raisons d'un retournement aussi radical d'une découverte contre ceux qu'elle est censée servir est le fait d'une rébellion contre la raison qui peut prendre deux formes dont les effets se rejoignent. D'un côté, on peut décréter que le monde extérieur n'est pas ce qu'il est et des « croyances » peuvent venir contester des faits dûment établis. D'un autre côté, on peut décréter que, le monde extérieur étant ce qu'il est, on n'en tiendra aucun compte et ces mêmes « croyances » peuvent autoriser une licence qui est une grimace de la liberté.

Des croyances contre la raison

La première des causes du désamour dont meurent les enfants trisomiques est le déni d'humanité. Pour l'opinion dominante, un embryon n'est pas un être humain, il n'est rien, un embryon trisomique est donc moins que rien.

Il est trivial de constater qu'une immense partie de la vie de tous les jours repose sur le présupposé que l'embryon humain est une quantité négligeable. Dans la vie personnelle affective et sexuelle, mais aussi dans l'éducation, dans l'enseignement, à travers les décisions de justice, dans l'ensemble du monde de la médecine, de la science, de la recherche, de la technologie, dans l'univers politique et économique, dans la réflexion philosophique, psychologique, sociologique, dans le mouvement écologique, il n'y pas un lieu individuel ni collectif où l'embryon humain existe, compte, tient une place. Pour être plus précis, partout on tranche la question de l'embryon comme s'il n'était pas un des nôtres, un membre de l'humanité à part entière, un homme.

Quand la question de l'embryon se pose explicitement (affaire médiatisée où le sort d'un début de grossesse est en jeu, mise à disposition de la recherche des embryons fabriqués dans le cadre d'une fécondation *in vitro*, dispute entre les deux géniteurs autour de la propriété de leurs embryons congelés, etc.) et qu'il devient nécessaire d'en dire quelque chose publiquement, le discours tenu sera alors souvent celui du déni d'humanité de l'embryon. La plupart des personnes qui sont invitées à s'exprimer publiquement, y compris des philosophes, des politiques et même des scientifiques, n'hésitent pas à affirmer que les quelques cellules originelles de l'embryon ne constituent pas un homme, à proprement parler, avec les conséquences de respectabilité afférentes. Pour elles, à ce stade, on ne pourrait pas parler d'être humain, c'est trop tôt, trop petit, trop incertain.

Tout a été dit, schémas à l'appui, sur les qualités que l'embryon n'a pas encore, qu'il aura peut-être, sur ses potentialités à devenir un homme, sur le projet d'enfant qu'il représente pour ses parents, l'espoir qu'il constitue pour la société, le futur qu'il incarne pour l'humanité, etc. Mais, il n'y à rien à faire, ce n'est tout de même pas un homme, ce ne peut en être un !

Tout a été dit aussi, dans l'autre sens, pour démontrer, schémas à l'appui, que ce n'est pas parce que l'embryon n'a pas encore certaines caractéristiques de l'adulte qu'il n'est pas déjà un homme, qu'il faut distinguer l'essence et l'accident, l'être en puissance et l'être en acte, que l'être en puissance est déjà respectable, etc.

Au final, rien ne change dans l'opinion publique d'aujourd'hui et l'embryon n'est toujours pas vraiment un membre de l'espèce humaine. Il n'est pas comme nous. Et s'il ne nous ressemble pas, il n'est pas revêtu de la même dignité, il n'est de nulle part, il est un non-être. En bref, personne ne voit l'homme percer sous l'embryon.

Or, on doit l'affirmer tranquillement : dire que l'embryon n'est pas un homme, c'est adopter une posture « croyante ». Le refus du réel et la prétention à le transformer, d'un coup de baguette comme un carrosse en citrouille, c'est pratiquer une sorte de magie. Ce pourrait être de la littérature ou de la poésie si c'était beau comme dans les contes de Perrault ou des Mille et Une Nuits. Mais ceux qui récusent l'humanité de l'embryon font le contraire du travail des artistes, ils transforment de l'être en non-être, de la chair en déchet, de la vie en mort. Ils ne créent pas, ils décréent l'embryon. Dire que l'embryon n'est pas un homme, c'est l'imaginer comme il n'est pas, l'inventer moins vrai et forcément moins beau qu'il n'est, c'est défigurer l'humanité et enlaidir le monde.

Seule une espèce de prêtre à l'envers peut imaginer cette « désubstanciation » de l'embryon. Seule une masse de fidèles privés de toute rationalité peut « croire » que l'embryon n'est pas un être humain. Car « croire » ou « faire croire » que l'embryon n'est pas un homme est objectivement insoutenable sur le plan de la raison.

Ce que je décris est simple et peu contestable : parvenir à faire admettre à la majorité de nos contemporains que l'embryon n'est pas un homme relève de la croyance pas de la science. Faire admettre cette déraison, au nom même de la raison, ce qui est évidemment le comble, procède de l'endoctrinement et donc de l'abus d'autorité. C'est la raison contre toute raison[1].

En tant que président d'une fondation scientifique et médicale qui s'occupe de la trisomie 21, j'ai été invité à donner des centaines de conférences en France et à l'étranger, sur la bioéthique, à l'occasion desquelles l'embryon était un sujet débattu. À de nombreuses reprises, j'ai répondu qu'il n'était pas question d'apporter la démonstration de l'humanité de l'embryon. Il ne s'agit pas de peser les arguments pour ou contre, de voter et de donner raison à un camp contre un autre. L'embryon est un homme parce que c'est un fait, une donnée, un constat. On ne démontre pas un

1.« L'embryon change alors de nature puisqu'il existe de manière indissociable des raisons pour lesquelles il a été créé. Lorsque ces raisons n'existent plus, il devient quelque chose d'autre ou quelqu'un d'autre ou autre chose ; la question se pose alors du devenir de cet embryon. Il n'y a pas plusieurs choix : soit il sera utilisé par un autre couple, soit il sera détruit. Il y a deux manières de le détruire : soit purement et simplement, soit on permet à cet embryon de servir la recherche, comme toutes les autres étapes de la vie – quand on va mourir, on peut servir la recherche en donnant ses organes, ses cellules. Je crois donc que l'embryon n'existe pas en lui-même, mais en fonction des raisons pour lesquelles il a été créé », Pr. Pierre Jouannet, *Nouvelles frontières de la médecine, nouveaux défis éthiques*, journées bioéthiques de la MGEN, 19 septembre 2007, collection Agora.

fait, on l'observe, on le constate, on en prend acte. On ne démontre pas le soleil. C'est le soleil qui se montre. On peut et on doit expliquer, enseigner, le comment et le pourquoi de l'embryon, mais c'est autre chose. Ce n'est pas remettre en cause sa nature ni s'en construire une vague idée qu'on pourrait écarter comme on le ferait d'une opinion individuelle. Que l'embryon soit un membre de l'espèce humaine n'est pas une opinion. C'est un fait dont la connaissance ne date pas d'hier ou d'avant-hier. Dans l'Ancien Testament, il n'y a aucune révélation divine sur l'embryon, mais en revanche, on savait très bien qui il était ! Les moyens de connaissance dont nous disposons aujourd'hui, et qui nous permettent d'observer l'embryon avec encore plus d'acuité, paradoxalement, semblent incapables de renforcer la certitude de son humanité. Par une sorte d'ironie de l'histoire, notre société qui se verrait bien voltairienne est devenue plus « cléricale » qu'elle ne le pense ! Cela ne change pourtant rien à la réalité. L'embryon n'est pas devenu moins homme qu'hier. Son humanité ne s'est pas brusquement évaporée, au motif que certains fulminent sa déshumanisation avec la suffisance de mauvais « pontifes ». Ainsi, la réponse que j'apporte souvent à la question de l'embryon, quand elle m'est posée, est une autre question :

— Qui vous a dit que l'embryon n'était pas un homme ?

— Le professeur X, l'autre soir, dans un débat télévisé.

— Rassurez-vous, le professeur X est un homme prudent. Il n'a jamais publié, dans une revue scientifique, qu'un embryon n'est pas un homme. Car, s'il le faisait, il s'exclurait du monde scientifique. Un scientifique ne risque pas sa réputation en publiant que ce qui est n'est pas. Cela étant, il peut toujours le dire, ça ne l'engage à rien, surtout à la télévision. Le professeur X tient ce langage parce qu'il s'exprime plutôt en militant et, dans ce cas, ses propos n'ont plus la même portée. On retombe dans l'incantatoire, l'émotionnel, l'irrationnel, bref la religiosité, voire la manipulation.

Jamais, je n'ai été pris en défaut sur cette manière de présenter les choses, y compris par des scientifiques, présents dans les conférences que j'ai données. Souvent, c'est aux scientifiques eux-mêmes que je me suis adressé en leur disant :

Vous ne pouvez pas me soutenir, les yeux dans les yeux, qu'un embryon n'est pas un membre de l'espèce humaine. Vous avez peut-être d'autres raisons de vouloir soutenir cette

> position, cela vous regarde et je ne vous juge pas, mais ne dites pas que vous parlez alors en scientifique.

Quelquefois, il m'est arrivé de prendre le pari, publiquement, que mon interlocuteur est dans l'impossibilité d'apporter la preuve, publiée dans une revue scientifique, de l'inhumanité de l'embryon. Il arrive alors, en désespoir de cause, pour ne pas perdre la face, que l'imprudent sorte de son sac tous les griefs qu'il entretient contre l'embryon : il est petit, il n'a pas de cerveau, il ne sent rien, il est malade, il va peut-être mourir, il n'est pas désiré, etc. Mais les listes de proscriptions qui cantonnent les petits, les malades et les indésirables dans leur inhumanité sont suspectes. Elles prouvent, une fois de plus, que pour ne pas aimer, il y aura toujours de « bonnes raisons ». Elles ne parviennent jamais à convaincre qu'un homme n'est pas un homme.

À ce stade, il n'y a pas besoin d'insister pour rappeler que si la vie de l'embryon en bonne santé est déjà en sursis, celle de l'embryon malade, en particulier trisomique, ne vaut pas cher. Comme dans la tragédie d'Iphigénie, notre société « *laisse aux dieux opprimer l'innocence* », les dieux, en l'occurrence, symbolisant toutes ces opinions subjectives, d'opportunité ou de malice qui obscurcissent la raison.

Le « dogme » de l'inhumanité de l'embryon « prêché » par des « grands prêtres », « ex cathedra », sous la forme d'une « croyance », à des masses « crédules », sous peine d'« excommunication » médiatique, est vraiment une sorte d'atteinte à la laïcité.

La deuxième des causes du désamour dont meurent les enfants trisomiques est moins grossière, plus élaborée, plus pernicieuse. Elle tient compte de la faillite intellectuelle qui consiste à faire prendre des vessies pour des lanternes à nos concitoyens. À partir du moment où il paraît, à la longue et contre toute vraisemblance, difficile de maintenir que l'embryon n'est pas un être humain, au moins qu'il ne soit pas une personne ! La dissociation de l'être humain et de la personne humaine est un raffinement, une option, un *nec plus ultra* de l'argument précédent. Certains en rajoutent, le vice rendant hommage à la vertu, pour s'accorder sur le fait que l'embryon est – sans doute – un être humain, mais que malheureusement il ne lui est pas reconnu la qualité de personne humaine. Dès lors, on revient à la case départ, l'embryon étant un être humain tout en n'étant pas une personne, il n'est finalement toujours pas grand-chose. Et l'embryon trisomique moins encore, n'y pensons même pas.

Qu'est-ce à dire ? Le droit, il est vrai, n'accorde la personnalité juridique qu'à l'être humain qui est né[1]. Mais la personnalité juridique n'a strictement rien à voir avec la personne de chair et de sang ! Quand le droit réserve la personnalité juridique à l'être humain à sa naissance, cela ne signifie pas qu'il lui conteste d'être une personne auparavant ! La personnalité juridique, qui est une notion utile en droit civil ou commercial, notamment pour contracter, ne résume en rien ce qu'est la personne. En cas de déchéance éventuelle de la personnalité juridique, la personne physique, dotée d'un corps animé, survit. D'ailleurs, le droit a longtemps protégé, explicitement, l'enfant avant la naissance, même depuis la loi Veil qui autorise pourtant l'avortement jusqu'à la naissance pour les enfants trisomiques. Dans ce qu'on appelait l'homicide involontaire du fœtus (en cas d'accident de voiture par exemple), les tribunaux punissaient le fait de porter atteinte à la vie de l'enfant à naître, qu'il eût ou pas la personnalité juridique[2]. Cela n'importe pas pour le droit pénal qui vise à

1. L'adage *infans conceptus pro nato habetur quoties de commodis ejus agitur* en vertu duquel un enfant conçu peut être considéré comme né, et donc être doté de la personnalité juridique, dès lors que ses intérêts sont en jeu, n'accorde en fait la personnalité juridique que sous la condition résolutoire de la naissance.

2. Un arrêt de la Cour de cassation rendu en Assemblée plénière le 29 juin 2001 a mis un terme à cette jurisprudence.

protéger la personne dans son enveloppe charnelle, et non pas une quelconque personnalité juridique désincarnée.

L'erreur de raisonnement, qui autorise aujourd'hui certains à prétendre que l'embryon ou le fœtus – parce qu'ils peuvent être avortés – ne sont pas des personnes, provient d'une incompréhension. Ce n'est pas parce que l'embryon n'est pas une personne que l'avortement est autorisé, c'est parce que l'avortement est autorisé que l'embryon n'est plus considéré – par certains – comme une personne. En l'occurrence, répétons-le, la loi Veil a été votée – et appliquée pendant trente ans – alors même que les tribunaux répressifs continuaient à protéger l'enfant à naître victime d'un homicide involontaire, c'est-à-dire le considéraient comme une personne à part entière. La loi Veil n'a jamais dit que l'enfant à naître n'était pas un être humain, ni une personne, pour l'excellente raison qu'aucune loi ne peut dire cela. On peut même dire que la loi sur l'avortement est bien la preuve que l'enfant à naître est une personne sans quoi il n'y aurait pas eu besoin de loi pour y porter atteinte ! Tout en établissant, dans son premier article, la valeur de la vie commençante d'un être humain, elle autorise l'arrêt de cette vie, dans certaines circonstances, en dépit que cet être fût une personne. De ce fait, en tirer la conclusion que l'être humain non encore né n'est pas une personne parce qu'il peut toujours être avorté relève de la mauvaise foi et repose sur la crédulité des victimes de cette manipulation[1]. Encore une fois, je ne me prononce en rien, ici, sur des comportements individuels. Mais il serait tout de même plus digne d'arrêter d'invoquer la science quand on est dans la technique, la raison quand on est dans la croyance et l'intérêt collectif quand on fait le jeu de la loi du marché.

Le débat sur la personne est ardu car la notion même de personne n'appartient pas aux sciences « dures ». Il est alors tentant de faire dépendre la notion de personne de tout un fatras sociologique qui aura pour but et pour effet de la « ramollir ». Ne serait une personne que l'être désiré, attendu, reçu, accepté, validé et finalement labellisé par la société ou par la loi. Tel est le sens du projet parental dans la loi de bioéthique de 2004, sauf-conduit qui permet à l'enfant désiré, et en bonne santé, d'espérer voir le jour tant que le projet est maintenu.

---

1. C'est le même raisonnement qui conduit à dire que l'embryon n'est pas un être humain parce que beaucoup d'embryons ne survivent pas à la sélection naturelle. Mais les personnes qui prennent leur voiture – en dépit des risques du voyage – ne cessent pas d'être des vivants avant d'arriver à bon port…

On peut gloser à l'infini sur le prétendu pouvoir souverain de la société de déterminer elle-même les conditions dans lesquelles elle intègre certains de ses membres : les étrangers, les pauvres, les malades en fin de vie, les personnes handicapées, les enfants avant la naissance, les vieux, etc. Le résultat est rarement convainquant et l'avantage tourne aux plus forts. Il y a toujours de « bonnes raisons » de vouloir garder de la distance avec celui qui, en apparence, ne nous ressemble pas, pas encore ou plus du tout.

Revenons plutôt aux fondamentaux car la réalité de la vie est plus simple. À la question de savoir si un embryon, un fœtus, *a fortiori* quand ils sont malades ou handicapés, sont ou ne sont pas des personnes, il n'y a qu'une réponse à faire, encore sous la forme d'une question :

> — Connaissez-vous des exemples d'êtres humains qui ne soient pas des personnes ?
>
> — Non.
>
> — Les seuls exemples, dans l'Histoire, d'êtres humains qui n'ont pas été considérés comme des personnes sont les esclaves et les prisonniers des camps de concentration. Aujourd'hui s'y ajoutent les enfants avant la naissance, surtout quand ils souffrent d'une maladie ou d'un handicap, puisqu'il est permis de disposer de leur vie d'êtres humains jusqu'au jour de leur naissance.

Cet argument non plus ne m'a jamais été contesté, quand je l'ai exprimé en public, parce qu'il ne peut pas l'être sur le plan de la raison. La contestation ne s'éteint pas pour autant, ce serait trop facile, mais elle prend une autre forme.

Des croyances à l'appui des passions[1]

Après avoir tenté de changer le monde tel qu'il est en faisant croire que l'embryon n'est pas un être humain, puis n'est pas une personne, les « croyances » tiennent pour acquis que, quoi qu'il en soit, on n'imposera jamais à une femme de porter un enfant dont elle ne veut pas, surtout quand il est handicapé. Autrement dit, si le monde ne veut pas se conformer à ce que Je veux qu'il soit, c'est Moi qui vais me doter de pouvoirs « divins ». De toute manière, Je ferai ce que Je veux, jamais on ne M'imposera, etc. Après la tentative de transformation du monde objectif, c'est l'affirmation subjective du Moi. Ce n'est pas du tout ce que disent les femmes, en général et au pluriel. Mais ce sont les propos que certains ont

---

1. J'entends le mot « passions » au sens classique, par opposition à la raison.

intérêt à prêter, par commodité, à la Femme majuscule tirée de l'imagerie des années 70.

C'est au fond l'argument décisif. Et il n'y a plus grand-chose à ajouter une fois que le Moi a annoncé son projet souverain d'être sa propre et unique référence. Volontiers, le Moi se place sur le registre compassionnel. Ainsi, la grande partition du malheur est-elle jouée collectivement, à l'unisson, par la société, les politiques, les sociologues, les philosophes, les scientifiques, les médecins et les médias. Qui sommes-nous pour juger de la souffrance d'une femme qui ne veut pas garder son enfant parce qu'il va naître handicapé ? Une fois que la question est posée en ces termes, souvent théoriques ou extrapolés, la messe est dite ! Chacun pleure devant son téléviseur en espérant qu'il sera épargné par le malheur et en pensant que, dans ces conditions, bien sûr, il serait injuste de refuser à une femme le moyen de renouer avec le bonheur. Or, l'unique moyen de ne pas avoir de handicap à supporter est de ne pas donner naissance à un enfant handicapé décrété une fois pour toute insupportable et voué au malheur. La boucle est bouclée.

Bien sûr, parler d'imposer quoi que ce soit à une femme enceinte est malhonnête. En pratique, personne ne peut imposer à une femme de garder un enfant trisomique contre son gré. Cela ne signifie pas pour autant qu'il faille renoncer à réaffirmer la norme, qui devrait être plutôt celle de l'accueil et des soins de celui qui est faible que celle du rejet. De même qu'on ne peut pas imposer à qui que ce soit de ne pas mentir, ni voler, ni tuer, on ne saurait admettre ni le mensonge, ni le vol, ni l'homicide. Le fait qu'on y déroge quelquefois ne fait pas disparaître la règle.

Pourquoi faire une exception pour le respect de la vie de l'enfant qui est attendu handicapé ? Dès lors, la conception de la règle, de la norme, de la loi, tombe en ruine si on tient pour définitif que « quoi qu'il en soit, on n'imposera jamais à une femme de porter un enfant dont elle ne veut pas, surtout quand il est handicapé ». Une stigmatisation du faible par le fort, extrêmement symbolique, prend corps. Dans un vieil État de droit, démocratique, il existe donc un pouvoir total, radical, exceptionnel, dérogatoire, exorbitant, en un mot divin, qui est celui de donner la mort, de manière préméditée, à un enfant uniquement parce qu'il est petit, malade ou handicapé.

Quand le monde est touché par le malheur, même au XXIe siècle, il semble donc encore nécessaire de recourir à ce qui s'apparente indéniablement à un sacrifice. Ainsi, le malheur du handicap mental, de la trisomie 21, appelle aujourd'hui une réponse qui est d'essence sacrificielle et primitive dans la mesure où elle est irrationnelle, violente et inadaptée. Elle n'apaise pas les dieux qui font toujours naître des enfants handicapés et qui en font même concevoir davantage. Elle ne guérit pas les malades de leurs pathologies. Elle fait grandir, au contraire, le malheur dans le cœur de ceux qui y ont consenti.

Comment expliquer autrement que par la notion de sacrifice l'explosion de violence contenue dans l'avortement de la quasi-totalité des enfants trisomiques dépistés avant la naissance ? Je sais bien que l'avortement est une réalité qui ne disparaîtra jamais. En lisant Flavius Josèphe, on apprend que l'avorteur, dans l'Antiquité, était le personnage le plus riche après le marchand d'esclaves. L'homme n'a pas changé et le geste est le même. Le seul moyen d'intéresser aujourd'hui certains médecins à cet acte – non médical par définition[1] – est de revaloriser le tarif. Il y aura toujours des histoires personnelles compliquées, des solidarités défaillantes, des drames insolubles, des faiblesses inévitables et des ignorances non coupables. Grâce à Dieu, il y aura aussi des larmes, des repentirs, des pardons, des guérisons, des retrouvailles avec la vie et des résurrections ! Tout cela, c'est le tissu même de la vie. Ce qui ne va pas, c'est que dans notre pays, cinquante ans après la découverte du troisième

1. Est médical l'acte qui vise le bien de la personne et non pas l'acte commis en blouse blanche.

chromosome caractéristique de la trisomie 21, plus personne ne s'interroge sur la disparition programmée, officielle, financée par l'assurance maladie, des enfants porteurs de cette pathologie. Car, enfin, ce ne sont pas des monstres, ils n'ont aucun pouvoir maléfique, ils ne sont responsables d'aucun dommage, ils ne transportent aucune épidémie, ils ne sont coupables d'aucune trahison. Et, pourtant, ils sont considérés comme des êtres à éliminer ! Mais pour quelle raison, décide-t-on d'éliminer nos semblables aujourd'hui ? Il est peu courant d'être obligé d'en arriver à cette extrémité. Quand il y a une victime – militaire – dans un conflit armé, nos sociétés sont tétanisées. Et nous restons absolument de marbre face à l'extermination d'un groupe d'êtres humains marqués au fer rouge de la génétique !

Nées dans le refoulement de la raison, entretenues par des passions qui nous tyrannisent d'autant plus qu'on en méconnaît l'origine, on ne peut imputer qu'à des « croyances » à la fois la contestation aveugle de l'humanité de l'embryon et sa destruction sacrificielle – massive – quand il est malade.

Un indice déterminant qui incite à pencher pour cette thèse « religieuse » est – curieusement – l'anticléricalisme de certains scientifiques pour lesquels la destruction de l'embryon ne pose en apparence aucun problème.

Dans les débats bioéthiques d'actualité sur l'autorisation de détruire des embryons pour la recherche, les scientifiques qui récusent l'argument du respect de l'embryon, le font notamment au motif qu'il est avancé par l'Église catholique et qu'il constituerait donc une atteinte à la laïcité. Nous débouchons alors sur une situation à fronts renversés qui ne manque pas de piquant où l'on voit l'Église défendre la raison et la science soutenir les passions !

Car, contrairement à ce que beaucoup pensent, y compris des chrétiens, l'Église, dans cette affaire, ne dit rien d'original, de spécifique, encore moins de dogmatique. Il n'y a aucune révélation à prendre pour argent comptant, aucune foi à embrasser, aucun catéchisme de l'Église sur l'embryon. L'Église est comme tout le monde. Quand elle voit le soleil se lever à l'Est et se coucher à l'Ouest, elle dit : ça, c'est le soleil. Quand elle voit le développement d'un être vivant, distinct de ses géniteurs, et que cet être appartient à l'espèce humaine, elle dit : ça c'est un homme. Elle n'impose donc pas le respect de l'embryon, comme on l'entend dire un peu partout. C'est l'embryon, et son humanité, qui s'impose à elle comme à tout un chacun. De même que la poussée d'Archimède et le rythme des saisons s'imposent aux chrétiens et aux non-chrétiens. L'Église, il est vrai, a la faiblesse d'aller un peu plus loin en prétendant que cet être humain, comme les autres sans exception, est aimable. Ce en quoi elle ne fait que rejoindre l'idéal républicain de la fraternité.

Aussi, quand des scientifiques en sont réduits à rejeter des arguments rationnels parce qu'ils seraient également partagés par l'Église, il y a de quoi nourrir une légitime inquiétude sur la formation qui leur a été dispensée. Il faudrait pouvoir leur rappeler que, lorsqu'ils se prononcent en faveur de l'impunité de la destruction de l'embryon humain, ils ne sont plus dans un domaine qui relève de leur compétence, ils pratiquent le hors-piste ontologique. En vertu de quel savoir s'autorisent-ils à renier l'humanité de l'embryon ? En vertu de quel pouvoir se permettent-ils de recommander sa destruction ? Voir des scientifiques qui sont retombés dans une sorte de religiosité primitive, où le sacrifice humain de l'embryon fait partie de la pharmacopée quotidienne, reprocher à l'Église d'être rationnelle n'est pas le moindre des paradoxes de notre époque. En la matière, le cléricalisme n'est pas là où on pense et c'est l'Église qui est laïque !

L'Église est trop aimable de rappeler à ceux qui se parent un peu rapidement des plumes de la rationalité pure et dure qu'ils seraient bien inspirés de faire un meilleur usage de leur raison. Loin de les vouer au feu éternel dans l'Au-delà, elle se contente de leur montrer que l'Enfer, si l'on n'y prend garde, commence dès ici-bas, quand on a dénaturé les élans du cœur et contourné les chemins de la raison.

ACTE III

AU CŒUR DU DRAME : LA VIE DES TRISOMIQUES COÛTE TROP CHER !

Quoi ! L'horreur de souscrire à cet ordre inhumain
N'a pas, en le traçant, arrêté votre main ?
Iphigénie

ROBERTO BENIGNI, dans son film *La vie est belle*, nous fait assister à un dialogue où des nazis, au cours d'un banquet mondain, calculent avec légèreté ce que l'État économiserait en supprimant les personnes handicapées. Comparer la France à l'Allemagne nazie n'a évidemment aucun sens. Mais est également insensé le fait que notre pays puisse recourir à cette mathématique douteuse et que son système de dépistage généralisé de la trisomie 21 soit explicitement fondé sur le fait qu'il est plus rentable de supprimer avant la naissance les personnes handicapées que de les laisser vivre.

Des analyses étatiques « coût-bénéfice » qui concluent à la rentabilité de l'élimination des enfants trisomiques

Il faut commencer par distinguer diagnostic et dépistage. Le diagnostic est un acte médical, individuel, demandé par un patient ou par une famille. Le dépistage est différent. C'est un acte politique, collectif, à l'initiative de la puissance publique. Le dépistage ne délivre pas un diagnostic, il indique un risque.

Le dépistage de la trisomie, qui commence par des dosages sanguins proposés à toutes les femmes enceintes, signale quand une femme s'expose à donner naissance à un enfant trisomique, à partir d'un certain seuil de risque, calculé statistiquement. Mais, ce n'est pas sûr. Dans ce cas, la femme est orientée vers l'amniocentèse, qui consiste en un prélèvement du liquide amniotique, afin d'y dénombrer les chromosomes de son enfant par l'établissement d'un caryotype, et de poser enfin avec certitude le diagnostic de la trisomie.

Dans le dépistage, ce n'est pas la demande qui compte, c'est l'offre. Et l'obligation de résultat s'impose. Autant le diagnostic est une noble composante de l'art médical et on ne saurait s'en passer, autant le dépistage est loin d'être toujours nécessaire. On en connaît d'excellents et d'autres qui le sont moins. Le dépistage « en population », c'est-à-dire généralisé, peut se justifier par exemple pour mettre en place une stratégie médicale et prévenir une maladie, pour informer d'un risque et recommander des comportements adaptés, ou pour permettre des travaux de recherche. Mais, quel que soit l'objectif visé, il importe que la prévention soit utile, que des thérapeutiques soient disponibles, que le test de dépistage soit performant. Or, aucun de ces critères n'est rempli s'agissant du test de dépistage de la trisomie 21 : sa fiabilité est mauvaise et aujourd'hui on ne guérit pas de la trisomie. Pourtant, il est proposé à toutes les femmes enceintes. Sur quelle base a-t-il donc été établi, accepté et mis en œuvre ?

Peu de Français, sans doute, imaginent que la politique de santé publique à l'égard de la trisomie 21 a été élaborée à partir d'une comparaison des coûts du dépistage et du diagnostic prénatal rapportés aux coûts de la prise en charge des enfants trisomiques tout au long de leur vie[1].

---

1. « L'aversion pour le handicap mental, la disponibilité des techniques de caryotypage du fœtus, la possibilité d'identifier des groupes à haut risque et le coût social élevé de la trisomie 21 ont incité tous les acteurs sociaux à définir et mettre en œuvre une politique de prévention de la trisomie 21. C'est une prévention primaire en tout ou rien, dont le principe repose sur l'interruption sélective de grossesse. Le dépistage anténatal n'a donc de sens pour la prévention que si l'interruption médicale de grossesse est autorisée, ce qui est le cas en France depuis 1975 », Aymé, *Dépistage de la trisomie 21 : où en sommes-nous ?*, médecine/sciences 1996 ; 12 : 393-6.

Entendons-nous bien, ce n'est pas l'évaluation des coûts de la prise en charge des malades qui pose problème. Il est normal de les rechercher et de les connaître. Mais le rapprochement de ces coûts avec ceux du dépistage revient à comparer ce qui n'est pas comparable. Si la valeur de la vie d'une personne trisomique est réduite à une donnée quantifiée, elle peut être mise en balance avec n'importe quelle valeur, à commencer par celle de sa mort.

Ainsi, par exemple, une des premières études sur le sujet en France a-t-elle décrété que le coût de prise en charge d'une personne trisomique 21 tout au long de sa vie s'élevait, en 1990, à 2 650 000 francs[1]. L'étude nous précise d'ailleurs, sans le moindre embarras, qu'il s'agit d'une hypothèse « moyenne », qui repose sur des prix de journée en établissements sociaux-éducatifs, sur un taux d'actualisation de 5 % et sur une durée de vie de trente-cinq ans d'une personne trisomique 21. Voilà donc ce que vaut une personne trisomique, et encore on nous fait grâce de l'arrondi !

Étonnamment, l'étude ne nous dit pas si cet enfant trisomique – qui par hypothèse ne fait que

---

1. Seror, Moatti, Muller, Le Gales, Boué, « Analyse coût-bénéfice du dépistage prénatal de la trisomie 21 », *Revue d'Épidémiologie et de Santé Publique* ; 1993 ; 41, 3-15.

coûter à la collectivité – est un garçon ou une fille, s'il a les yeux bleus ou marrons, s'il aime ses parents, ses frères et sœurs et son petit chat, s'il rit en regardant *La Grande Vadrouille* ou s'il écrit des poèmes le soir dans son lit. L'étude ne prévoit pas non plus si le jeune garçon trisomique aura la palme d'or au festival de Cannes, procurant des recettes avantageuses au cinéma et à la société. L'étude n'envisage pas davantage qu'une fois devenue plus grande, la jeune fille trisomique tiendra peut être la maison avec l'aide des voisins et donnera quelques années de vie heureuse à sa mère grabataire atteinte d'hémiplégie. Mais, on comprend bien qu'une étude sérieuse ne puisse pas tout dire...

Le bénéfice attendu pour la collectivité, on l'aura compris, résulte de la comparaison entre ce que coûteraient les enfants trisomiques qui n'auraient pas été dépistés, pris en charge tout au long de leur vie, et ce que coûte le dépistage. Pour 515 118 patientes seulement, en 1999, les coûts du dépistage étaient déjà évalués à près de 100 millions d'euros[1]. Ce montant nous paraît démesuré. Mais il se renouvelle chaque année, est financé par l'assurance maladie, et serait donc moins élevé que ce que coûteraient des

---

1. Cour des comptes, *La vie avec un handicap*, Rapport public particulier, 2003.

enfants trisomiques qui seraient nés, en l'absence de dépistage...

Je ne sais pas si l'hypothèse est « moyenne » mais les conclusions sont « extrêmes » ! En effet, il n'échappera à personne que le bénéfice est égal aux charges « évitées », c'est-à-dire à l'« évitement » des naissances et donc des enfants trisomiques eux-mêmes. En d'autres termes, le poids de leur élimination est moins lourd à supporter socialement que le poids de leur existence. Chaque « évitement » – qui entraîne un soulagement des finances publiques – ne peut que tendre à devenir la norme puisque c'est la logique de l'équilibre proposé. Sur une telle base – prix de journée pendant trente-cinq ans contre élimination avant la naissance – évidemment le calcul est rapide et l'avantage évident. À y regarder de plus près, une telle comptabilité, pour être valide, présuppose deux conditions rarement décrites.

La première exigence d'un résultat bénéficiaire est qu'un diagnostic de trisomie 21 soit systématiquement suivi d'un avortement pour éviter la prise en charge du handicap qui dégraderait les comptes[1]. Autrement dit, le dépistage anténatal

1. « L'interruption de grossesse demeure malheureusement la seule solution envisageable dans la majorité des cas de diagnostic positif d'anomalies », Moatti, Serer, Le Gales, *L'évaluation du dépistage prénatal des anomalies chromosomiques :*

n'a de sens que s'il aboutit toujours à l'avortement de l'enfant dépisté, sinon, évidemment il n'est plus rentable[1].

Aussi, quand on entend répéter depuis une douzaine d'années que la stratégie de dépistage est proposée, jamais imposée, qu'elle repose sur le libre choix de la femme, il est permis de s'interroger sur une version très euphémisante de la réalité[2]. Si une véritable information était donnée

---

l'économie au secours de l'éthique ?, Prévenir 1992, n° 22, 137-148.

« L'analyse coût-bénéfice, quand elle se contente d'opposer le coût collectif des amniocentèses et des caryotypes et celui de la prise en charge des enfants handicapés qui n'auraient pas été dépistés, et sous l'hypothèse qu'un diagnostic positif est suivi systématiquement d'une interruption médicale de grossesse qui évite le handicap, montre que l'activité de diagnostic prénatal est tout à fait justifiée pour la collectivité », Haut Comité de la Santé Publique, *Pour un nouveau plan périnatalité*, éditions ENSP, janvier 1994, p. 91.

1. « Rien ne serait plus désastreux que de chercher et de trouver un mongolisme ou une maladie congénitale de l'hémoglobine pour un couple qui n'accepterait pas l'interruption médicale de grossesse », Pr. Jacques Millez, *L'euthanasie du fœtus*, Éditions Odile Jacob, 1999.

2. « Le diagnostic prénatal a souvent une connotation péjorative, au moins pour ceux qui n'y voient qu'une possible condamnation à mort pour des fœtus mal formés. Il est préférable d'y voir une procédure "qui a pour objectif de permettre à des parents porteurs d'une tare génétique ou appartenant à un groupe à risque, d'avoir les enfants

aux femmes sur l'enfant qu'elles portent, et non sur une pathologie fantasmée à l'excès, si le choix était vraiment libre en imaginant d'ailleurs que cette expression ait un sens, s'exprimerait-il, comme un scrutin de démocratie populaire, à 96 % dans la même direction, celle de l'avortement ? Mais alors il est vrai que le dépistage ne serait plus bénéficiaire. Par construction, le modèle économique du dépistage en vigueur requiert que l'avortement soit la finalité, la condition du libre choix devant s'en accommoder. Pour que la logique du dépistage de la trisomie honore son obligation de résultat, les femmes doivent choisir l'avortement de leur enfant trisomique... mais librement. Cette contradiction entre la nécessité et la liberté de l'avortement de l'enfant handicapé se concrétise dans le préconsentement demandé aux femmes au moment de l'amniocentèse[1].

---

normaux qu'ils désirent" (cf. Rapport du Pr. Jean-François Mattéi en 1996) », Haut Comité de la Santé Publique, *Pour un nouveau plan périnatalité*, éditions ENSP, janvier 1994, p. 85.

1. « Il n'y a aucune raison de faire une amniocentèse si le couple n'a pas l'intention de faire une interruption thérapeutique de grossesse en cas de problème (généticien dans le CHU d'une grande ville). En général, quand on fait une amniocentèse, on dit aux gens qu'on ne le fait que si ça débouche sur une interruption (radiologue dans le CHU d'une grande ville). La logique quand on fait un diagnostic anténatal, c'est d'aller jusqu'au bout et d'interrompre la grossesse

La deuxième condition du gain escompté par le dépistage est de ne tenir aucun compte de la perte éventuelle, due à l'amniocentèse, d'un fœtus sain. Car il faut rappeler que la ponction du liquide amniotique au moyen d'une fine aiguille dans l'utérus maternel est un geste technique honorable, qui peut rendre de grands services à l'enfant à naître, dans certaines pathologies, mais qui comporte un risque de fausse couche dans environ 1 % des cas. Or, 1 % des cas, c'est beaucoup, c'est un risque plus élevé que celui d'avoir un enfant trisomique. De surcroît, le nombre d'amniocentèses concerne de 11 à 15 % des grossesses aujourd'hui, ce qui est considérable et multiplie les risques. Faire abstraction, dans le raisonnement, de la mort des fœtus sains, comme s'ils ne comptaient pour rien, souligne l'exigence économique qui sous-tend la stratégie de dépistage. Cette omission a en effet une « bonne raison » arithmétique. C'est que « *si l'on accorde à la perte d'un fœtus sain une valeur équivalente au fait d'éviter un cas de trisomie 21, le résultat de l'analyse coût-bénéfice est inversé*[1] ». CQFD.

---

si on diagnostique un enfant qui aura des problèmes graves ou non viables (généticienne, consultante dans un CHR) », Anne Dusart, *La détection des anomalies fœtales*, CTNERHI, 1995.

1. Haut Comité de la Santé Publique, *Pour un nouveau plan périnatalité*, éditions ENSP, janvier 1994.

La trisomie 21 est la seule pathologie à « bénéficier » de ce « traitement ». Pour aucune autre pathologie, on ne calcule le coût d'une vie qui ne mérite pas d'être vécue. Aucune autre stratégie de prévention ne repose sur une finalité abortive généralisée. Aucune autre politique de santé publique ne pourrait imaginer pareils « effets collatéraux » avec des morts de sujets sains plus nombreuses encore que celles de sujets malades. Pour supprimer un fœtus trisomique, il faut en supprimer deux normaux[1]... Comment proposer, accepter et financer une telle incohérence ? Qui en parle ? Qui critique ? Qui s'émeut ?

Non seulement la puissance publique paye des cerveaux capables de conceptualiser ce système mais elle en renforce la toxicité en s'appuyant sur des travaux idéologiquement orientés. Des études démontreraient que, parmi les différents scénarios possibles, les femmes considèrent que le pire est toujours la naissance d'un enfant trisomique[2]. La puissance publique, en accréditant ces travaux, montre ainsi une manière singulière de concevoir son rôle pédagogique dans la lutte contre l'exclusion, pour la tolérance et

---

1. Entretien avec le professeur Israël Nisand, *La Croix*, 27 avril 2000.

2. Haute Autorité de Santé, *Évaluation des stratégies de dépistage de la trisomie 21*, 2007

l'intégration. Dans l'ordre, en effet, les femmes préféreraient une grossesse sans problème donnant naissance à un enfant en bonne santé, puis la perte d'un fœtus liée à l'amniocentèse avec une nouvelle conception dans les deux ans, enfin la perte d'un fœtus liée à l'amniocentèse sans grossesse future, et seulement en dernière position la naissance d'un enfant trisomique. La perspective de ne jamais avoir d'enfant étant encore préférée à celle de donner naissance à un enfant trisomique, on ne voit donc pas pourquoi il faudrait changer le système, au contraire, il faut l'améliorer.

C'est pourquoi, il est éternellement d'actualité d'affiner le diagnostic de la trisomie 21. L'organisation mise en place ne cesse de se perfectionner. Depuis quinze ans, il ne se passe pas un trimestre sans qu'on note des avancées dans les techniques de dépistage, tels que la mise au point d'autres marqueurs échographiques faisant ressortir, par exemple, l'épaisseur de la nuque, la taille du fémur ou l'absence de visualisation des os du nez. Après le racisme chromosomique, la chasse au faciès !

La puissance publique a estimé, en 2007, que le système de dépistage n'était pas bon, trop étalé sur les premier et deuxième trimestres, hétérogène, pas assez fiable, pas assez efficace. Le dépistage doit être plus précoce, intégrant à la fois les dosages sanguins maternels (marqueurs sériques) et la mesure de l'épaisseur de la nuque de l'enfant trisomique (la clarté nucale) à l'échographie, et cela dès le premier trimestre de la grossesse. On avait un premier filet avec des mailles un peu trop grosses, on en lance un deuxième avec des plus petites. La mise en œuvre de ces nouvelles modalités sera assortie d'un programme d'assurance qualité, reposant sur un contrôle qualitatif (grilles, scores) et quantitatif (suivi des statistiques au niveau régional et national). Le tout afin d'augmenter *l'évitement* et de réduire l'*échappement* des enfants trisomiques, objets d'une si forte *aversion* et d'une si faible *utilité*.

D'autres pistes de recherche et des perspectives nouvelles s'annoncent déjà : la mise en évidence de cellules fœtales circulantes dans le sang maternel vers la 10e semaine de grossesse étant la voie la plus « prometteuse » qui révolutionnerait le dépistage anténatal de la trisomie. Des chercheurs américains viennent en effet de mettre au point une technique d'analyse des traces génétiques du fœtus circulant dans le sang de sa mère. La technique, en elle-même, est étonnante ; comment ne pas s'en émerveiller si elle reste au service de la personne ? Malheureusement, dans les mois ou les années qui viennent, cette technique radicalisera le dépistage en permettant le diagnostic immédiat et certain de toute trisomie, après prélèvement sanguin de la mère, sans passer par la double étape des marqueurs sériques puis de l'amniocentèse.

L'argument de vente de ce nouveau test, outre qu'il est destiné à réduire drastiquement le nombre de naissances d'enfants trisomiques, est aussi qu'il évitera chaque année des centaines de fausses couches liées à l'amniocentèse. Autrement dit, on lui a même trouvé une finalité humanitaire ! Voilà un test qui va sauver des vies innocentes, réjouissons-nous, il n'attrapera plus que des trisomiques. Peut-être, mais il les attrapera tous...

L'adage *nemo auditur propriam turpitudinem allegans* exhorte à ne pas écouter celui qui se prévaut de sa propre turpitude. C'est exactement ce que font les promoteurs du test : après les avoir cachés pendant des années, ils se prévalent des méfaits du dépistage de la trisomie pour proposer un produit qui les corrige mais qui crée d'autres méfaits encore pires. Il est vrai qu'un marché captif annuel de 800 000 femmes enceintes, « religieusement » entretenues dans la phobie de l'enfant trisomique, impose au minimum le marketing de l'eugénisme.

Et l'État de droit, dans tout ça ?

Le lecteur se demande sans doute comment un État de droit peut se satisfaire de cet eugénisme patent.

Sa question est d'ailleurs tellement pertinente que dans la lettre de mission qu'il a adressée au Conseil d'État le 11 février 2008 pour préparer la révision de la loi de bioéthique, le Premier ministre a exigé un *« examen approfondi »* des *« activités d'assistance médicale à la procréation, en particulier du diagnostic prénatal et du diagnostic préimplantatoire ». « Les dispositions encadrant ces pratiques garantissent-elles une application effective du principe prohibant toute pratique eugénique ? »*, a-t-il demandé précisément. Le mot d'eugénisme est donc utilisé maintenant, même au plus haut niveau de l'État.

La première loi de bioéthique, celle du 29 juillet 1994, a en effet introduit dans le Code civil (article 16-4) un principe rédigé en ces termes : « *Toute pratique eugénique tendant à l'organisation de la sélection des personnes est interdite.* » Le principe est lui-même protégé par une disposition du Code pénal (article 511-2) : « *Le fait de mettre en œuvre une pratique eugénique tendant à l'organisation de la sélection des personnes est puni de vingt ans de réclusion criminelle.* »

L'ennui, c'est que si l'on s'en tient aux commentaires autorisés de la loi, la pratique du dépistage suivi de l'élimination du sujet dépisté ne poserait pas de problème[1]. En particulier, le dépistage de la trisomie 21 ne risquerait pas d'entraîner la société vers l'eugénisme collectif dans la mesure où le fait de refuser la naissance d'un enfant atteint de cette maladie ne serait que de l'eugénisme individuel, donc acceptable. Les commentateurs de la loi ont, par anticipation, désamorcé toute accusation d'eugénisme autre que celui qu'ils définissent eux-mêmes comme de l'eugénisme et qui n'est bien sûr pas celui qu'ils pratiquent. En somme, il suffit d'avouer qu'on pratique un eugénisme strictement individuel qui ne tend pas à l'organisation de la sélection des personnes pour être lavé de tout soupçon.

À la vérité, la loi de bioéthique de 1994, par sa formulation ambiguë, a fait le lit de l'eugénisme[2].

---

1. « Le législateur n'a pas voulu interdire l'eugénisme individuel qui permet aux familles de refuser la naissance d'un enfant atteint d'une maladie génétique très grave. Comme l'a souligné le rapporteur devant l'Assemblée nationale, “on ne peut plus nier un certain eugénisme individuel, il faut maintenant tenter de protéger notre société afin que des mesures d'État, des mesures concertées, ne conduisent pas à des pratiques instituant un eugénisme collectif. C'est là que doit se situer le garde-fou” », Frédéric Salat-Baroux, *Les lois de bioéthique*, collection Dalloz service, 1998.

2. Pour le professeur de droit Bertrand Mathieu, directeur du Centre de recherche en droit constitutionnel, l'article 16-4 du Code civil est bafoué : « Aujourd'hui, on organise la sélection des personnes », dit-il (*La Croix*, 27 février 2007).

Certains experts ne s'y sont pas trompés et n'ont pas eu le triomphe modeste :

> Il est généralement admis, par exemple, que sauf conviction ou disposition affective contraire des parents, un fœtus atteint de trisomie 21 peut, légitimement au sens de l'éthique collective et individuelle, bénéficier d'une interruption médicale de grossesse. Il existe une sorte de consentement général, une approbation collective, un consensus d'opinion, un ordre établi en faveur de cette décision, au point que les couples qui devront subir une interruption de grossesse pour une trisomie 21 ne se poseront guère la difficile question de la pertinence de leur choix individuel. La société en quelque sorte, l'opinion générale, même en dehors de toute contrainte, a répondu pour eux. Tout le monde ou presque aurait agi de la même façon. L'indication paraît même tellement établie que les parents considèrent en quelque sorte que c'est un droit. Qui d'ailleurs songerait à leur disputer ? L'économie sera faite ici de lancinantes interrogations sur la pertinence du choix[1].

Consentement général, approbation collective, consensus d'opinion, ordre établi, ne sont pas des

---

1. Pr. Jacques Millez, *L'euthanasie du fœtus*, Éditions Odile Jacob, 1999.

mots en demi-teinte... Le sociologue eugéniste Vacher de Lapouge lui-même appuyait son raisonnement sur « l'association des volontés individuelles », celles-là mêmes que certains tiennent pour le meilleur rempart contre l'eugénisme.

Le tapis rouge déroulé à l'eugénisme a permis au dispositif de prendre toute son ampleur. Sur la période 2002-2004, 92 % des trisomies 21 sont repérées en France contre 70 % en moyenne en Europe. Sur la même période, 96 % des trisomiques dépistés sont avortés[1].

La loi laisse filer un eugénisme individuel qui se transforme sournoisement en eugénisme collectif. Les doctrinaires voient leurs pratiques incertaines dorénavant « *vêtues de probité candide et de lin blanc* ». Il ne restait plus qu'à attendre une consécration du juge pour que le système soit bouclé. Ce qui arriva avec la célèbre affaire Perruche, ultime conséquence de ce à quoi la société avait déjà consenti[2]. Rappelons que la jurisprudence de la Cour de cassation a été appliquée, dans les mois qui ont suivi, aux cas de plusieurs enfants trisomiques.

---

1. Boyd P. *et al*, déjà cité.
2. Arrêt du 17 novembre 2000 de la Cour de cassation, rendu en Assemblée plénière, établissant un lien de cause à effet entre un diagnostic erroné et le préjudice d'un enfant né handicapé.

Quoi de plus logique, en effet, que la société exige d'être « satisfaite ou remboursée » des enfants qui naissent ? Le médecin, tenu pour responsable du handicap d'un enfant non avorté, fut condamné par la Cour à indemniser ce dernier de son préjudice d'être en vie. Ce que l'on connaît moins c'est la demande conjointe de la Sécurité sociale à être indemnisée du préjudice d'avoir dû prendre en charge cet enfant. Rien d'étonnant à cela. Quand la société investit massivement dans la prévention, la naissance d'un enfant inattendu déjoue ses plans. Elle prévoit que l'évitement de l'enfant indésirable coûte moins cher que sa prise en charge. En somme, elle a déjà payé pour qu'il meure, elle ne va pas payer ensuite pour qu'il vive.

Dès lors, l'avortement de l'enfant handicapé apparaît comme un facteur d'ordre, de sécurité, d'économie, voire d'altruisme. Le moteur de l'eugénisme n'est-il pas finalement compassionel ? La finalité n'est-elle pas « *d'éviter pour l'enfant à naître des souffrances inacceptables, irrémédiables, incurables et pour les parents un calvaire, le fardeau insupportable, la blessure perpétuelle du handicap irréversible de leur enfant. Elle procède donc bien d'une attitude compassionnelle, individuelle et consentie*[1] ».

Devant la contradiction du droit qui, d'un côté, condamnait l'eugénisme en théorie, de l'autre le

1. Pr. Jacques Millez, déjà cité.

cautionnait en pratique, et stimulés par le Collectif des parents contre l'handiphobie, les parlementaires ont voté, en 2002, une disposition législative « anti-Perruche », interdisant désormais à quiconque de demander réparation du seul fait de sa naissance, cette naissance fût-elle considérée comme préjudiciable par l'intéressé. Cette disposition qui a été votée à la fois par la majorité et par l'opposition est révélatrice du stress médical, juridique et éthique qu'a entraîné l'affaire Perruche, heureusement suivie d'une réflexion sur le concept de « compensation » financière du handicap. Mais à l'heure où les actions en « naissances préjudiciables » se multiplient dans les maternités anglo-saxonnes, il était à craindre que le fragile barrage législatif ne résiste bien longtemps à la logique de l'eugénisme.

De fait, peu de temps après l'affaire Perruche, un arrêt du tribunal de grande instance de Reims admettait l'indemnisation des deux frères aînés d'une petite Catalina, née trisomique 21. Il reprochait au médecin d'avoir laissé naître l'enfant handicapée avec les arguments suivants :

> Le temps consacré par leur mère à Catalina l'est au détriment des deux frères [...]. Ils ont été les témoins de la souffrance de leurs deux parents [...]. Enfin, ils sont victimes de la séparation de leurs parents, intervenue [...] à peine

> deux ans après la naissance de Catilina ; ce court délai, au regard de l'épreuve subie, permettant d'imputer, au moins en partie, à ce dernier événement l'éclatement de la famille .

Une juridiction n'avait pas mis longtemps à contourner la loi « anti-Perruche », mais ce n'était pas l'intéressée qui demandait réparation, c'était ses frères. À quand l'indemnisation des cousins, de la femme de ménage et du voisin de palier d'une petite fille trisomique ?

Pendant ce temps-là, des calicots gigantesques claquent tristement aux frontons de nos ministères sociaux pour sensibiliser les citoyens au handicap, qualifié de première cause de discrimination en France, devant l'âge ou l'origine ethnique. Toute ressemblance entre l'eugénisme pratique devenu notre loi et la discrimination dont sont victimes les personnes handicapées serait évidemment fortuite...

Il est temps d'envisager une ultime question que je ne pose qu'avec crainte : Ne sommes-nous pas, s'agissant de la trisomie, déjà au-delà de l'eugénisme ? Les distinctions entre eugénisme individuel ou collectif, eugénisme théorique ou pratique, dur ou mou, consensuel ou coercitif, bon ou mauvais, n'existent pas en droit. Il y a ou il n'y a pas eugénisme. Or, nous avons vu qu'il y avait de l'eugénisme et nombreux sont les auteurs à s'accorder désormais sur ce point. Mais les nuances systématiques de vocabulaire introduites pour le qualifier (individuel, collectif, bon, mauvais, etc.) indiquent que le mot seul d'eugénisme est incapable de rendre compte d'une réalité nouvelle. Puisque l'eugénisme individuel découle de la loi et que la multiplication de tous les eugénismes individuels produit un eugénisme collectif, alors le mot d'eugénisme, pauvre monnaie dévaluée, est devenu inutile. Il ne veut plus rien dire et réclame qu'un autre mot lui succède pour exprimer une réalité d'une nature différente. Cette réalité – et ce mot – c'est génocide.

Le Pr. Jacques Millez lui-même, le premier, a anticipé la question en ces termes :

> L'exercice de l'euthanasie fœtale fonde sa décision sur l'appartenance à une catégorie, à un groupe, celui des enfants malformés ou génétiquement malsains. Rien effectivement ne distingue dans ses modalités d'exécution ni dans ses modes opératoires un eugénisme médical d'un eugénisme criminel ou génocidaire, sinon la pureté de l'intention, la sincérité de la motivation et la qualité de la finalité poursuivie[1].

---

1. Jacques Millez, *L'euthanasie du fœtus*, Éditions Odile Jacob, 1999, p. 150.

L'aveu est de taille. Le fait que l'intention soit qualifiée de « *pure* », de « *sincère* », de « *qualité* » n'est pas la question. L'intention n'en est pas moins de porter atteinte à la vie des membres d'un groupe déterminé et l'effet produit qui en résulte n'en est pas moins la disparition de 96 % des membres dont l'appartenance à ce groupe est prouvée par le caryotype.

Regardons ce que dit la loi sur le génocide. En 1948, l'Assemblée générale des Nations unies a approuvé à l'unanimité le texte de la Convention pour la prévention et la répression du crime de génocide, qui déclare que « *les parties contractantes confirment que le génocide, qu'il soit commis en temps de paix ou en temps de guerre, est un crime du droit des gens, qu'elles s'engagent à prévenir et à punir* ».

Trois grandes conditions, sont nécessaires à son identification. D'abord, les victimes font partie d'un « *groupe national, ethnique, racial ou religieux* ». En sont donc exclus les groupes politiques, économiques ou culturels. Ensuite, il est porté atteinte aux membres de ce groupe pour leur appartenance à ce groupe, quels que soient les moyens mis en œuvre pour atteindre ce but. Enfin, le génocide est collectif, planifié, commis par les détenteurs du pouvoir de l'État, en leur nom ou avec leur consentement exprès ou tacite.

Pour le code pénal français, dans son article 211-1,

> constitue un génocide le fait, en exécution d'un plan concerté tendant à la destruction totale ou partielle d'un groupe national, ethnique, racial ou religieux, ou d'un groupe déterminé à partir de tout autre critère arbitraire, de commettre ou de faire commettre, à l'encontre de membres de ce groupe, l'un des actes suivants : atteinte volontaire à la vie ; atteinte grave à l'intégrité physique ou psychique ; soumission à des conditions d'existence de nature à entraîner la destruction totale ou partielle du groupe ; mesures visant à entraver les naissances ; transfert forcé d'enfants.

On retrouve en droit français les trois éléments de la Convention des Nations unies de 1948, à savoir la destruction planifiée d'un groupe. Mais le législateur français a ajouté à l'énumération des différents groupes (*national, ethnique, racial ou religieux*) la mention suivante : *« ou d'un groupe déterminé à partir de tout autre critère arbitraire »*. Cet ajout permet de qualifier de génocide une atteinte à un *« groupe »*, quel que soit ce groupe. Même si le *« groupe »* ne pouvait pas être identifié à l'aide de critères ethniques, raciaux, religieux ou nationaux, il entrerait dans le champ d'application de la loi.

Or :

– les enfants trisomiques ne représentent-ils pas un « *groupe* » déterminé à partir d'un « *critère arbitraire* » tiré de la génétique ?

– le dépistage de la trisomie, à partir de ce critère, imposé obligatoirement à tous les médecins, n'est-il pas la mise en « *exécution d'un plan concerté* » sur la base de considérations économiques explicites et d'obligations de performance ?

– ce plan concerté, qui comprend le fait de « *commettre ou faire commettre à l'encontre des membres de ce groupe des atteintes volontaires à la vie* », ne tend-il pas à la « *destruction totale ou partielle du groupe* » (96 %) ?

Honnêtement, quelle que soit l'opinion que l'on puisse entretenir sur l'avortement en général, on voit mal comment l'interruption médicale de grossesse (IMG), à la fois établie et reconnue comme issue inéluctable du dépistage de la trisomie, pourrait échapper à la qualification de génocide[1].

1. « La vérité centrale est que l'essentiel de l'activité de dépistage prénatal vise à la suppression et non pas au traitement. Ainsi ce dépistage renvoie à une perspective terrifiante : celle de l'éradication [...]. Ce phénomène se développe dans un espace démocratique. La généralisation du dépistage est certes fondée sur la notion de proposition, mais dans la pratique il est, de fait, devenu quasi obligatoire [...]. Il n'y a pas de limite technique au nombre des dépistages prénataux [...] nous n'en sommes aujourd'hui

Non pas un génocide littéraire mais un archétype de génocide. Par contraste, il faut ajouter, évidemment, que ce jugement ne saurait s'appliquer à l'interruption volontaire de grossesse (IVG) qui ne remplit pas les critères objectifs du génocide.

Mais une politique qui cible une population particulière pour ce qu'elle est – handicapée mentale – et qui modélise le processus d'un dépistage thanatophore, doté d'un objectif de résultat en terme d'éradication, c'est plus que de l'eugénisme, c'est du génocide[1].

Les termes mêmes du code pénal – les « *membres* » d'un « *groupe* » – permettent de faire l'économie de débats sur la qualification des êtres qui sont visés : il importe peu de savoir si le fœtus de six mois qui sera avorté est une personne ou pas. Il est assurément visé comme membre d'un groupe caractérisé par un chromosome en plus.

---

qu'au tout début des possibilités de dépistage des affections génétiques », Pr. Didier Sicard, alors président du CCNE, *La France au risque de l'eugénisme*, *Le Monde*, février 2007.

1. « L'IMG telle qu'elle est pratiquée actuellement n'entre ni dans la logique de la loi Veil ni par voie de conséquence dans celle de la clause de conscience. L'IMG est devenue un dispositif médico-social produit par une politique qui ne respecte pas la vie humaine et a des effets de déshumanisation sur l'ensemble de la population. Elle ne peut donc appeler qu'une réponse collective et politique », Montazeau, Benoît, *À propos de la clause de conscience*, Les dossiers de l'obstétrique, novembre 2008.

Et il fait assurément l'objet d'une atteinte volontaire à la vie.

La nouveauté du génocide des trisomiques, qui le différencie de ce qu'on a connu ailleurs, c'est qu'il est permanent. Il constitue donc une infraction continue qui tend vers sa propre « perfection », le « zéro triso », comme en attestent les évolutions techniques les plus récentes et les commentaires qui les accompagnent.

ACTE IV

LES RESSORTS D'UN DÉNOUEMENT HEUREUX : PEUR ET COMPASSION

Mais de nos faibles mains que pouvez-vous attendre ?
Contre tant d'ennemis qui pourra vous défendre ?
Iphigénie

LA TRAGÉDIE N'EST QU'HUMAINE. Elle est inévitable et elle est notre grandeur. Elle est le signe de notre condition d'homme. Il n'y a pas de tragédie chez l'animal mais, au premier degré, de l'instinct, de la pulsion, de la sensualité. Les hommes sont les seuls à être capables de prendre du recul, à se mettre en scène pour se regarder naître, vivre, mourir, aimer ou tuer. Dire que nous tirons des leçons de cette mise en perspective promue comme un bel art depuis deux millénaires serait prétentieux. Convenons plus modestement que l'effet recherché et attendu de la tragédie est de produire de la peur mais aussi de la compassion. S'effrayer, s'émouvoir, oui sans doute, et progresser dans la sagesse d'un demi-millimètre par millénaire, peut-être, dans le meilleur des cas...

Les attentes des premiers concernés : parents et professionnels

Imaginer que tout va pour le mieux chez les parents qui attendent un enfant, dans le meilleur des mondes du dépistage systématique, est une illusion. De deux choses l'une : ou les parents sont portés dans un milieu structuré par de fortes valeurs familiales, et ils passent le cap avec des forces extérieures capables de les aider au besoin. Ou ils sont livrés à eux-mêmes, à la tyrannie de l'opinion dominante et alors la parentalité se révèle une épreuve imprévue et souvent douloureuse. En pratique, les parents attendent d'être soulagés de deux angoisses, une avant la naissance, une après.

Avant la naissance, les parents souhaiteraient ne pas être soumis à l'inquiétude laïque, gratuite et obligatoire, consistant à redouter la perspective de donner naissance à un enfant trisomique. De quel droit, leur impose-t-on cette épreuve ? Pourquoi les force-t-on à avoir ce souci ? Ils n'ont rien demandé à personne, ils attendent un enfant, ils sont heureux et à la suite de leur première rencontre avec le monde médical, la terre se dérobe sous eux. Sur le champ, ils doivent tempérer leur bonheur en se projetant neuf mois plus tard avec un enfant trisomique sur les bras ou un avortement sur la conscience. Il serait temps de se rendre compte que cette épée de Damoclès suspendue légalement sur chaque grossesse est d'une brutalité que rien ne justifie. Car la question, une fois déposée dans le cœur des parents, est comme un colis piégé qui va exploser et les anéantir. C'est peu dire que la question est, à proprement parler, inhumaine. Elle est une tragédie pour chaque couple conduit à se déterminer pour savoir si, dès qu'il a donné la vie, il va devoir éventuellement être capable de donner la mort. Certes, on ne les force pas, mais le système est d'une hypocrisie consommée. L'inhumanité du dépistage anténatal de la trisomie réside dans le fait même d'oser poser une question inimaginable à chaque femme qui vient de concevoir. À 800 000 femmes enceintes, chaque année, la question est explicitement : *« Vas-tu avorter ton enfant s'il est trisomique ? »* L'interrogation elle-même est déjà une violence. Le préconsentement à un éventuel sacrifice humain pour chaque nouvelle grossesse est déjà une barbarie. Obliger les parents à se justifier en disant *« je garde mon enfant parce que… »* ou *« je ne le garde pas parce que… »* est déjà indigne. Et ne pas réaliser cela, le méconnaître, c'est être devenu insensible ou avoir perdu le sens commun.

Le libre choix de la femme, présenté comme de nature à atténuer la violence du dépistage de la trisomie, est plus qu'un alibi, c'est une circonstance aggravante. La notion de libre choix laisse entendre qu'accepter l'élimination de son enfant est une liberté ! Donner la mort à son enfant, parce qu'il est malade ou handicapé, une liberté ? Mais une liberté de qui, octroyée par qui, et pour qui ? Elle ne figure pas dans la Déclaration des droits de l'homme et du citoyen de 1789, en tout cas ! L'argument de la liberté est d'autant plus déplacé que si le dépistage est « socialement » proposé au cours de l'entretien avec le couple, il est « techniquement » validé dans le cadre des réunions interdisciplinaires, prévues par la loi et couvertes par le secret médical. On sait qu'après un verdict collégial d'experts, la marge de liberté pour le couple est étroite, perçue comme incompréhensible à ce stade avancé de la procédure et, en pratique, improbable. La femme ne propose pas, elle dispose en théorie, mais en pratique, si l'indication n'est pas claire, certains médecins estiment qu'il relève de leur responsabilité d'assumer le poids d'un choix trop lourd pour elle. Alors, le corps médical peut ne pas hésiter à prendre sur lui une décision censée épargner à la femme le remords d'un mauvais choix[1].

---

1. « Quand l'indication est ambiguë, le médecin assume pour éviter aux parents la charge d'une décision impossible », Pr. Jacques Millez, déjà cité.

Les conséquences pour le couple ne sont jamais indolores. Voilà deux personnes, un instant plus tôt, qui ne s'étaient jamais interrogées sur un sujet pareil, soudain contraintes à prendre position sur la vie ou la mort de leur enfant devant un « sachant » qui dispose d'un quart d'heure... *« Et, vous, docteur, qu'est-ce que vous feriez à notre place »*, finissent-ils par demander, hagards, avant de se reprocher éternellement l'un à l'autre d'avoir fait le mauvais choix. Quand les parents ne sont pas d'accord, ce qui est un cas fréquent, aucune solution ne sera jamais la bonne, ni garder ni éliminer un enfant trisomique. Et quand les parents sont apparemment d'accord pour ne pas garder l'enfant, la malignité du choix éclate comme une bombe à retardement. Il n'y a qu'une situation qui ne donne aucun regret, c'est celle de choisir... de ne pas se voir imposer un choix qui n'en est pas un ! Le choix est une illusion qui martyrise les couples pendant des semaines – éventuellement jusqu'à neuf mois puisque l'avortement de l'enfant handicapé est possible jusqu'à la naissance – et fait basculer une grande partie d'entre eux dans le malheur pour des années.

Comment ne pas se souvenir que le dépistage généralisé de la trisomie repose sur un triple fondement prosaïque : on n'aime pas les trisomiques (le taux d'aversion !), la technique existe, c'est économique. Dans le genre politique rationnelle de santé publique, on peut mieux faire. Mais il faudrait ajouter une quatrième base au dépistage : ça rapporte à l'industrie ! Qui ne voit le profit aux aguets derrière le dépistage ? Un produit vendu à 800 000 exemplaires à la Sécurité sociale, chaque année, dont le ressort est la peur, avec dramatisation et coûts redoublés pour l'effectif de population testé positif (amniocentèse et caryotype), devrait, à tout le moins, faire l'objet d'un sérieux examen.

Une évaluation serait d'autant plus nécessaire que, techniquement, le test de dépistage est d'un manque de fiabilité qu'on ne tolère pour aucun autre produit. Il engendre un taux élevé de faux négatifs, c'est-à-dire de résultats considérés comme normaux alors que l'enfant est trisomique, et un taux élevé de faux positifs, c'est-à-dire de résultats anormaux, alors que l'enfant n'est pas handicapé. Pour la patiente, à qui on a proposé le test pour la rassurer, la situation reste au contraire incertaine. Elle se retrouve même plus inquiète que si elle s'était tenue à l'écart du dépistage. Si le test est négatif, cela ne signifie pas forcément que son enfant sera normal, il peut être porteur d'autres formes de handicaps. Et s'il est positif, son enfant ne sera trisomique qu'une fois sur cent. En clair, 99 % des femmes sont inquiétées inutilement pendant leur grossesse. Les

800 000 femmes qui attendent un enfant chaque année ont autre chose à faire que de se tracasser pour rien et de contribuer à une rente de situation pour les fabricants de tests.

La deuxième angoisse dont les parents voudraient bien être débarrassés accable ceux d'entre eux qui ont donné naissance à un enfant trisomique. La culpabilité des parents avait disparu avec la découverte de la trisomie 21 en 1959. Mais elle est réapparue avec le dépistage. En effet, à la culpabilité, ancienne, d'avoir conçu un enfant trisomique s'est substituée celle, moderne, de l'avoir gardé ! Quel progrès !... Combien de fois ai-je entendu, en parlant des enfants trisomiques, des propos de tiers qui ne se voulaient d'ailleurs nullement méchants :

— Heureusement des enfants comme cela, on n'en verra plus !
— Pourquoi dites-vous cela ?
— Grâce à la médecine, ça n'existera plus.
— Comment ce sera possible ?
— Il y a des tests pour ne plus en avoir...

Cette médecine *a priori* bienveillante, confortable, divinité détentrice de tous les pouvoirs, même ceux de faire naître des beaux enfants, comment peut-on ne pas lui faire confiance ? Comment continuer à donner naissance à des anormaux ?

La culpabilité peut venir aussi des femmes elles-mêmes, montrant à quel point « *la qualité de l'information et la manière dont elle est délivrée et reçue restent préoccupantes*[1] » :

> — Je ne comprends pas, j'ai eu un enfant trisomique et pourtant j'avais fait un test pour ne pas en avoir…

Ravage des tests non fiables et du taux élevé des faux négatifs ! Comme si le dépistage était un vaccin contre la trisomie…

Dans les directions de l'action sanitaire et sociale, c'est souvent le même refrain qui tourne court :

> — Qu'est-ce que vous faites par rapport à la trisomie 21 ?
> — De la prévention.

Le dépistage généralisé de la trisomie est une formule magique qui explique tout – ce qu'on fait et ce qu'on ne fait pas – et qui excuse tout – ce qu'on aurait dû faire et ce qu'on n'aurait pas dû faire. Comment, dans ces conditions, des parents ne continueraient-ils pas à être culpabilisés par la naissance d'un enfant trisomique ?

---

1. Sénat, *Dépistage de la trisomie 21 au premier trimestre : pourquoi des recommandations de la Haute autorité de santé ?*, Gynécol Obstét Fertil 2007 ; 35 : 1069-1070

La société a payé cher pour donner aux parents tous les moyens d'éviter des naissances indésirables. Qui sont ces parents au-dessus des lois qui imposent leurs charges à la société (sous-entendu pour des raisons religieuses qui ne nous concernent pas) ? Qui sont ces parents qui, en faisant naître des enfants trisomiques, donnent mauvaise conscience aux autres (les victimes deviennent bourreaux) ? Qui va payer ? Soit, les parents ont fait leur choix, qu'ils l'assument maintenant ! *Vous chantiez, j'en suis fort aise. Eh bien dansez maintenant* ! La société est déchargée et quitte à votre égard. Ces enfants trisomiques que vous avez voulus, contre vents et marées (comme si on pouvait vouloir la trisomie de son enfant), c'est vous désormais qui allez payer pour eux. Ce n'est que justice. Si nous n'en sommes pas encore là dans les faits, c'est déjà ce qui hante un certain nombre de parents d'enfants trisomiques. C'est surtout ce qui est inscrit en germe dans les dérives de l'ultra-libéralisme de la machine à produire.

De leur côté, les professionnels du début de la vie éprouvent aussi de la souffrance. Pourquoi le nier ? Eux aussi sont des victimes du dépistage généralisé de la trisomie qui a contrefait leur art et blessé leurs pratiques. La médecine repose sur deux principes : *primum non nocere*, d'abord ne pas nuire, *sedare dolorem*, soulager la douleur, ensuite. Le dépistage de la trisomie prive les professionnels simultanément de ces deux finalités. Ils veulent les retrouver.

D'abord, ne pas nuire ?

> La médecine fœtale est restée, malgré les progrès généraux des techniques et des thérapeutiques, seule parmi les disciplines médicales, une médecine thanatophore, porteuse de mort [1].

Si la profession est sinistrée, il n'y a pas de quoi s'étonner. Je connais plusieurs gynécologues qui ont choisi de devenir chirurgiens en gynécologie pour ne plus avoir à porter ce fardeau de la mort. Ceux qui restent cliniciens dans cette discipline en refusant la médecine thanatophore sont des sortes de héros, peu nombreux, exposés à devoir rendre des comptes de leurs pratiques hétérodoxes.

Mais ce n'est pas tout, leur obligation de moyens est devenue une obligation de résultat.

> Nous pratiquons la seule médecine, je dis bien la seule médecine, où le médecin ait clairement intérêt à tuer ! Car jamais la responsabilité d'un médecin n'a été engagée lorsque, dans le doute, il a avorté un enfant dont les examens ultérieurs ont montré qu'il était parfaitement sain. En

1. Pr. Jacques Millez, in *L'annonce anténatale et postnatale du handicap*, les dossiers de l'AP-HP, 2001.

l'absence d'anomalies constatées sur un fœtus avorté, on peut passer le lendemain dans la chambre de la patiente en lui disant : « Madame, on a bien fait... » pour s'entendre dire : « Merci, docteur »[1]...

En effet, depuis la jurisprudence Perruche, et malgré son heureuse remise en cause par la loi, l'exigence de l'enfant parfait tend à devenir la norme. Pauvres médecins, ce n'est pas la médecine qu'ils ont choisie !

On comprend le malaise grandissant dans la profession.

> Le gynécologue est ainsi le nouveau bourreau ; le bourreau des temps modernes qui donne autant la vie que la mort [...]. Si c'était moi le petit trisomique, accepterais-je que d'autres choisissent pour moi que je ne devais pas vivre ? [...] Après l'IMG de l'enfant trisomique, les larmes sont dans les yeux de tous, des parents, mais aussi dans les miens et ceux de la sage-femme[2].

Ensuite, soulager la douleur ? Mais de quelle douleur parle-t-on ? Pas de celle de l'enfant, même

---

1. Pr. Israël Nisand, in *L'annonce anténatale et postnatale du handicap*, les dossiers de l'AP-HP, 2001

2. Dr Thévenot, *Journal du Syndicat des gynécologues obstétriciens*, mars 2005.

s'il est quelquefois anesthésié pour l'avortement... Il n'est soulagé de rien puisqu'il disparaît avec l'affection que la médecine était précisément sensée prendre en charge. La défaite scientifique est à son comble dans l'acte thanatophore de l'avortement de l'enfant trisomique. Faute d'être capable de faire ce qu'il faudrait pour soulager la douleur, la technique impose à tous un négationnisme puéril. Plus de trisomique, donc plus de trisomie. Plus de malade, donc plus de maladie. Plus de handicapé, donc plus de handicap. On pourrait continuer avec la pauvreté et les pauvres, le chômage et les chômeurs, la vieillesse et les vieux, etc.

Parle-t-on assez de la douleur de la famille qui attend un enfant handicapé, et qui loin d'être soulagée est accrue d'une seconde douleur, bien plus terrible encore, celle d'avoir mis fin à la vie d'un enfant à cause de sa trisomie ? « *Aujourd'hui, ma fille Prune devrait avoir un an...* », nous a confié Philippe. Il vient de participer au Marathon des Sables du 23 mars au 7 avril 2008, une des courses les plus dures au monde : 245 kilomètres dans le désert !

> Au départ, ce marathon était un moyen d'exorciser la souffrance corporelle incompréhensible que nous avons ressentie. Y associer la Fondation Jérôme Lejeune nous a permis de panser nos douleurs. Je souhaitais courir pour une association liée à la trisomie 21. La Fondation a répondu à

> mon attente d'associer la recherche, le soin et la défense des personnes, plus particulièrement ayant une trisomie 21.

Sa femme Gaëlle a vécu avec Philippe cette aventure humaine et physique hors du commun :

> J'ai eu l'impression de revivre pendant la course. Je savais que Philippe finirait la course : quand on court pour sa fille, quoi de plus motivant ! Nous avons pu tisser des liens pour notre couple, redonner de la vie. Cela m'a apporté la paix avec moi-même et une plénitude disparue depuis le décès de notre fille Prune.

Et Philippe de conclure :

> J'ai couru pour notre fille Prune, pour notre couple. Cela m'a permis de franchir un cap qui nous semblait insurmontable. À présent, nous disons tous les deux : advienne ce que la vie voudra nous offrir [1].

Exorciser une souffrance corporelle incompréhensible, panser nos douleurs, plénitude disparue, cap insurmontable... Tellement de couples vivent cette épreuve et on en parle tellement peu !

---

1. *La lettre de la Fondation Jérôme Lejeune*, n° 59, septembre 2008.

Aujourd'hui, Philippe et Gaëlle sont sauvés, grâce à Prune. Comme on aimerait que leur expérience soit mise en face de l'enquête de la Haute autorité de santé démontrant que le pire est toujours la naissance d'un enfant trisomique. Non, le pire ce n'est pas la naissance d'un enfant trisomique, le pire c'est de consentir à sa mort par désespoir.

Les attentes de la population

La population attend la liberté de penser... librement, c'est-à-dire en dehors de toute référence systématique et obligatoire à l'avortement. Et elle a peur quand des moyens qui devraient rester au service de la santé sont transformés en système policier.

Depuis des années maintenant, s'agissant des débats en matière bioéthique, dès qu'une question concerne le début de la vie et comporte l'éventualité d'y porter atteinte, l'avortement est devenu la clé pour conclure. L'exemple le plus flagrant est celui de l'autorisation d'expérimenter sur l'embryon, entraînant de fait la destruction dudit embryon. Que partisans et adversaires s'opposent, quoi de plus normal, s'ils le font avec des arguments rationnels. Ce qui l'est moins, c'est l'usage immodéré de la référence à l'avortement pour emporter une décision allant dans le sens de la transgression. Une fois que les arguments ont été échangés, pour ou contre l'expérimentation sur l'embryon, avec généralement un avantage du côté de l'inutilité de l'expérimentation, un critère déterminant est presque toujours présenté : « *De toutes façons, l'avortement a désacralisé l'embryon, alors pourquoi vouloir le protéger ?* » Et c'est le basculement. On ne dira jamais assez à quel point le dogme de l'avortement a appauvri, voire stérilisé, une réflexion un peu élaborée et profonde, particulièrement en France, sur ces sujets délicats. La loi sur l'avortement de 1975 ne saurait évidemment pas être un argument pour justifier, dans des textes ultérieurs, les atteintes portées à l'embryon par l'expérimentation. Donner à la question de l'expérimentation sur l'embryon la réponse de l'avortement est idéologiquement efficace mais intellectuellement indigent.

La faille du raisonnement consiste à considérer que la loi de 1975 a tout permis, ce qui est faux. Il est vrai que la transgression permise par la loi sur l'avortement – qui rappelons-le est possible jusqu'au jour de la naissance en cas de maladie ou de handicap de l'enfant – est d'une telle ampleur qu'elle a tendance à s'imposer même en des circonstances où elle ne s'applique pas (car il est tout de même des cas où elle ne s'applique pas, en l'occurrence s'agissant de la recherche sur l'embryon où l'argument de la détresse n'a pas sa place). De ce fait, certains observateurs peuvent se laisser abuser. S'opposer à la recherche sur l'embryon revient alors à s'opposer au dogme de l'avortement lui-même et, par voie de conséquence, à s'exposer à tomber dans la catégorie dépréciée des adversaires de la liberté des femmes. En d'autres termes, vouloir contredire, par la raison, l'expérimentation sur l'embryon est devenu mission impossible à cause d'une croyance, supérieure à la raison, en la valeur omnipotente de l'avortement qui permet tout. Encore une fois, on ne peut que constater la disparition de la raison dans bien des débats au profit d'une montée irrépressible de croyances aussi infondées qu'injustes.

Il faut savoir que cette situation de préjugés rigides est propre à la France. Nos voisins allemands qui ont une législation permissive sur l'avortement sont restrictifs sur l'utilisation de l'embryon pour la recherche. Une position plus équilibrée est donc possible. L'Allemagne, qui fut le premier pays à adopter, dès 1990, une loi de protection de l'embryon, interdit toute création et toute utilisation de l'embryon à des fins autres que procréatives. L'Allemagne, dans le cadre de l'assistance médicale à la procréation, interdit la création d'embryons en surnombre qui ne seraient pas implantés. Elle interdit donc le diagnostic préimplantatoire qui revient à trier les embryons pour ne réimplanter que les « meilleurs ». L'Allemagne n'est pas tombée dans le piège où la France s'est engouffrée lors de la première loi de bioéthique de 1994. À cette époque, le diagnostic préimplantatoire a été justifié par ses partisans comme la transposition *in vitro* du diagnostic prénatal *in vivo*. Autrement dit, on pratique bien du tri des fœtus malades ou handicapés, suivi de leur élimination permise par l'avortement, alors pourquoi s'opposer au tri des embryons malades ou handicapés, suivi de leur élimination dès l'éprouvette ? Qui peut le plus peut le moins ! Toujours le même manque de rigueur intellectuelle chez nous et, contre toute raison, la terreur sacrée de remettre en cause le dogme de l'avortement. En revanche, contrairement à ce qui se passe en France, il n'est pas rare de rencontrer des « Verts » allemands qui ne sont pas opposés à l'avortement mais qui se battent contre la déshumanisation et la marchandisation de l'humain que représente l'utilisation de l'embryon à des fins de recherche.

De même, en Italie, une législation permissive sur l'avortement cohabite avec l'interdiction de la recherche et de la destruction de l'embryon. L'Italie détient même une des législations les plus sages d'Europe puisque le don de gamètes, la cryoconservation de l'embryon et le diagnostic préimplantatoire sont interdits. Dans ces pays proches de nous, le dogme de l'avortement n'épuise pas la pensée rationnelle. Ils ont de la chance.

Il est en effet inquiétant de constater chez les décideurs et dans certains médias que la viscosité de la pensée s'étend. Je n'en donne que deux exemples récents. Le débat sur l'euthanasie a souvent emprunté à la vulgate sur l'avortement, au motif que, dans la mesure où la société avait permis l'avortement, on ne voit pas pourquoi elle n'autoriserait pas l'euthanasie… Le raisonnement est court mais il est resservi régulièrement.

Plus récemment, et sur un sujet encore plus controversé, on a pu lire sous la plume d'une féministe historique que l'autorisation des mères porteuses – la gestation pour autrui – offrirait une sorte de symétrie à l'avortement : un enfant par n'importe quel moyen succédant géométriquement à un enfant sous aucun prétexte.

En 1997, le professeur James Watson, prix Nobel codécouvreur de la structure de l'ADN, s'était même déclaré favorable à la liberté des femmes de ne pas avoir d'enfant homosexuel, à supposer que l'on trouve un jour le moyen de diagnostic anténatal adapté, établissant – et c'est cela qui est troublant – un parallèle avec la trisomie 21[1]. « *Nous admettons déjà que la plupart des couples ne souhaitent pas avoir un enfant trisomique* »,

---

1. *Sunday Telegraph*, 16 février 1997.

soulignait-il. Outre-Manche, ces propos avaient, à juste titre, été qualifiés de scandaleux et avaient suscité de vigoureuses réactions. Pourtant, le Pr. Watson n'envisageait aucune obligation de recourir à l'avortement des enfants homosexuels. Il admettait simplement qu'à la suite d'un choix éclairé, *« si une femme décidait qu'elle ne veut pas d'un enfant homosexuel, libre à elle »*. Or, cet argument est, mot pour mot, celui que la puissance publique retient pour décider qu'à la suite de ce même choix éclairé, *« si plus aucune femme ne souhaite garder un enfant trisomique, notre société n'a rien à y redire »*. Au fond, on reprochait au prix Nobel de vouloir éventuellement infliger demain aux homosexuels ce dont certains se félicitent aujourd'hui pour les trisomiques, à savoir un tri sur des critères génétiques et la liberté pour la mère d'accepter ou de refuser l'embryon ainsi dépisté. *« Oui, mais être homosexuel ou être trisomique, ce n'est pas du tout pareil ! »*, a-t-on objecté. Personne ne dit le contraire, à la nuance près qu'ils appartiennent également à notre humaine condition, qu'ils partagent la même dignité et qu'ils ont droit au même respect ! Homosexuels et handicapés : puisse le choc du passé faire revenir à notre oublieuse mémoire quelques ferments de sagesse...

Le public, qui aspire à retrouver une certaine liberté de penser en ces domaines, perçoit aussi plus ou moins consciemment une menace à laquelle les scientifiques et le monde médical feraient bien de prendre garde. La culture de l'eugénisme dans laquelle nous vivons a, en effet, « prêté » la génétique au système policier. Pour surveiller le génome des trisomiques, nous devons surveiller tout le monde, et tout le monde c'est nous.

Si une enquête d'opinion était effectuée afin de connaître ce qu'évoque le simple mot de « génétique » pour les gens, on serait sûrement étonné de découvrir qu'il renvoie davantage à la police qu'à la médecine. N'a-t-on pas le sentiment que l'occurrence du mot « génétique » glisse d'un discours sur le dépistage vers un discours sur le pistage ? Il est vrai qu'on a trouvé beaucoup plus de gènes responsables de maladies que de traitements. Mais surtout, l'usage qui a été fait de la génétique ne laisse pas d'engendrer le trouble. Depuis vingt ans, il a été annoncé à grand renfort de publicité que la mise au point de la carte génétique allait nous guérir de tout. Or, il ne suffit pas d'avoir le gène pour avoir la solution thérapeutique. Paradoxalement, la cartographie n'a pas tracé la route. La carte génétique, c'est bien pour comprendre, mais ce n'est pas assez pour soigner. La logique de la connaissance spéculative et celle de la découverte thérapeutique ne sont pas les mêmes. L'une résulte essentiellement d'une démarche quantitative, l'autre demande plus d'intuition. Comme toujours, c'est le génie qui se fait attendre...

Alors, en attendant, que se passe-t-il ? Le langage de la génétique passe avec armes et bagages dans une culture identitaire et sécuritaire. Entre carte génétique et carte d'identité, la frontière est mince. Quelle est la norme de l'humanité ? Déjà, on relève que la carte génétique des trisomiques est considérée comme déviante. Elle les stigmatise puisqu'ils ne sont plus regardés comme tout le monde. Elle ne leur procure pas les mêmes droits à la vie que les titulaires d'une carte génétique dans la norme ! La carte génétique des trisomiques est un passeport périmé qui ne facilite pas leur entrée dans l'humanité.

Entre tests génétiques pour les candidats à la naissance et tests ADN pour les candidats à l'immigration, là encore l'homonymie est dangereuse. Bien sûr, il ne s'agit pas de discriminer génétiquement les candidats à l'immigration mais seulement de les identifier. La finalité n'est pas la même. Il n'empêche que les outils de la génétique connaissent une renommée au service du contrôle de l'immigration qu'on aurait préféré leur voir reconnaître au service de la guérison des malades.

Les dérives de sens sont inévitables. Le fichier des empreintes génétiques illustre davantage la poursuite des délinquants sexuels que les progrès de la thérapeutique. Les prélèvements d'ADN à des fins judiciaires, les marqueurs de la filiation utilisés dans les recherches de paternité, la détection de comportements innés chez les jeunes enfants, suscitent plus de craintes que d'enthousiasme. Les anticipations génétiques sur nos potentialités, nos prédispositions, nos faiblesses, sont maintenant prêtes à être corrélées aux exigences du marché, du rendement et de la performance. Déjà les primes d'assurances et les prêts bancaires sont connectés à nos facteurs de risques. Il n'y a pas de raisons pour que le mouvement de disqualification des inutiles sociaux s'arrête dans un système libéral qui n'est plus régulé de l'intérieur par la conscience ; la régulation qui s'impose de l'extérieur, sous le coup des « crises », ayant par définition vocation à être contournée.

Or, ceux qui s'émeuvent des reconduites à la frontière de certains immigrés, après tests ADN, s'émeuvent-ils de l'élimination de la quasi-totalité des trisomiques dépistés après tests génétiques ? Ne voient-ils donc pas que, dans les deux cas, la génétique n'est utilisée que pour identifier et sécuriser, sur le fondement de la peur de l'autre ? Malheureusement, et sans doute malgré les efforts de certains de ses éminents serviteurs, on constate la surmédiatisation d'une génétique qui n'apporte pas ce que l'on était en droit d'attendre d'elle : le service du bien de l'homme.

Pour la plus grande gloire de la science et le bien de l'humanité, il y a un moyen de briser cette descente dans l'Enfer du Meilleur des Mondes. Ce serait de proclamer que la génétique n'est pas un outil qui sert à faire n'importe quoi. Ce serait d'arrêter de mercenariser la génétique en l'asservissant au pistage alors que sa vocation est de mieux comprendre l'homme pour le traiter et le guérir. Sans cette mesure de précaution, on reverra sous peu apparaître le « syndrome de Watson » décrit plus haut, établissant un parallèle entre un nouveau pas vers l'eugénisme et le dépistage de la trisomie 21 : *« Nous admettons déjà que la plupart des couples ne souhaitent pas avoir un enfant trisomique. »*

Le dépistage généralisé de la trisomie 21 produit un « effet cliquet » sur la pente de l'eugénisme et transforme la génétique en grenade dégoupillée. Il est temps de ranger à l'armurerie la génétique de guerre. La génétique doit respirer avec ses deux poumons que sont le diagnostic et la thérapeutique. En suractivant le premier poumon et en la privant du second, nous l'asphyxions, et nous avec. La génétique, science du devenir, peut-elle être un devenir pour la science ?

ACTE V

UNE TRAGÉDIE INACHEVÉE ?

Mais que pouvez-vous faire en l'état où nous sommes ?
Vous avez à combattre et les dieux et les hommes
Iphigénie

AUJOURD'HUI, LA TRAGÉDIE DE LA TRISOMIE 21, telle que nous l'avons racontée, n'est pas belle. La caractéristique qui frappe le plus dans cette tragédie, c'est peut-être son manque de grandeur. Elle est sans honneur, sans espoir et sans joie. Cette tragédie est désespérément laide. Il n'y a même pas de heurts de sentiments contradictoires, pas d'émotion, pas de colère. À la place de la haine, on trouve péniblement un taux d'aversion. Le souci d'un bien-être consensuel, passant en perte la naissance d'un enfant pas comme les autres, est prêté à tort à bien des parents et bien des soignants. Incapables de se battre contre le véritable oppresseur qui est la maladie, des bulldozers du dépistage organisent l'écrasement de ceux qui sont déjà les opprimés de la maladie. Est-ce vraiment une vaste, ambitieuse, dynamique perspective, à la hauteur des grands pays développés et de leurs aspirations humanistes ? Ce n'est plus l'intelligence qui prend la main, qui cherche une issue, qui s'ingénie à combattre le mauvais sort. Une technique de basses œuvres, actionnée par des marchands âpres au gain et codifiée par des comptables en lustrine, a obscurci l'horizon de la vie, de notre vie.

Cependant, la tragédie de la trisomie n'est pas totalement écrite. Elle reste inachevée. Il lui manque son point d'orgue, la scène finale et les applaudissements. On ne peut plus patauger dans cette médiocrité, cette bassesse, cette indifférence ! De ce marasme technico-immoral, de cet inceste scientifico-lucratif, ne peut jaillir que de l'indignation. Et de l'indignation partagée ne peut fleurir qu'une envie de progrès, de réforme et donc de dépassement. Certes pas une grande réforme, à l'impossible nul n'est tenu. Ce n'est même pas nécessaire. Mais une légère correction de parallaxe permettrait de faire revenir la société à son devoir en lui rendant la mission qu'elle n'aurait jamais dû abandonner et, par là, de changer radicalement le regard sur les personnes trisomiques. Et sur nous-mêmes.

S'il nous manque un élan pour agrandir la vie, notre vie, il faut d'abord agrandir notre cœur. Pour cela commençons par le désenclaver en ouvrant les yeux, en entendant les messages qui nous sont envoyés et en nous plaçant en état d'y répondre.

Envisagez le visage des personnes trisomiques

Ne regardez pas sans voir – ne dévisagez pas – le visage des personnes trisomiques. Envisagez le visage de Paul. Par son visage, c'est Paul, quelqu'un d'autre que moi, qui se dit. Son visage est là, en face de moi, avec des yeux, un nez et une bouche, un souffle. C'est tout une personne, celle de Paul, qui est ramassée dans ce visage, tout un corps, tout un cœur, tout une âme. Il parle ou il ne parle pas, ça dépend des jours, peu importe, ce visage dit entièrement l'être humain qu'il est. En étant devant moi, il s'offre à moi. Il est le seul moyen pour lui de me dire qui il est. Il sourit ou il ne sourit pas, ça dépend des jours, peu importe, il est chargé de sa signification profonde. Cet autre-là, Paul, est concret, vivant, incarné. Il n'est pas un autre virtuel, inventé, seulement pensé. C'est un vrai autre, avec sa densité et son sérieux, tel qu'on en rencontre sur le chemin, dans la vie. Il est donc différent, à coup sûr, de l'autre de synthèse auquel je me prends quelquefois à rêver. Il est forcément différent, comme je suis moi-même différent de ce que Paul imaginait peut être en me rencontrant. La vie est comme cela, on est tous différents et ces différences sont horizontales, pas verticales, elles ne hiérarchisent pas les êtres. Respecter l'altérité, ce n'est pas respecter celui que je choisis, mais celui que je rencontre. Celui que je rencontre, c'est Paul, et il est trisomique depuis le premier instant de sa conception. Et si j'ai l'impression que cet autre qu'est Paul me parle un langage incompréhensible, c'est peut être moi qui ne fais pas l'effort élémentaire pour le comprendre.

Le visage de Paul, trisomique, est beau comme le visage de tous ceux qui vivent, qui ont une parole à dire et qui sont au bord de le faire. En m'offrant son visage, il me dit quelque chose de lui, il m'apporte une nouvelle, il me confie un secret. Sans fard, sans cachotterie, sans préalable, le visage de Paul me dit que nous ne sommes pas des idées, nous sommes des corps animés, ou des esprits incarnés, comme on voudra. Tous, vous, lui et moi, à égalité. Son visage me dit, en plus, la vulnérabilité de son être, sa limite, sa finitude. Comme moi, mon visage dit aussi ma faiblesse, ma limite, ma finitude. Mais le visage de Paul, trisomique, lui, le dit plus fort, plus vite, plus vrai. Par là même, il se décrit, se détaille, se met à nu. Il ne peut rien garder pour lui, rien occulter, il dit tout. Cette radicale humilité du visage de Paul, trisomique, n'est pas un mérite ou une vertu. Elle souligne juste sa dignité parce qu'il ne ment pas sur ce qu'il est et qu'il attend une réponse de notre part. Son visage pose une question non formulée. Sans le demander – et c'est cela qui est extraordinaire de sa part – son visage demande si nous attestons, nous aussi, de sa dignité à lui.

La balle tombe alors dans le camp de la société, sans que nous nous en rendions compte. Quelle est la dignité de la société ? Quelle est son humilité, c'est-à-dire sa vérité sans fard, elle qui est forte, organisée, riche ? Parce qu'elle peut, la société, rester digne et vraie tout en étant forte, organisée et riche. Cela n'est pas incompatible. Mais quelle est, au fond, la dignité de la société ? Est-ce de décréter qui est digne ou indigne à ses yeux ? Ou, n'est-ce pas plutôt d'attester de la dignité de ceux qui ont des doutes sur leur propre dignité ? Si la société se met en situation d'accorder ou de refuser la dignité humaine à certains de ses membres, comme des permis de séjour, quelle est sa légitimité à s'appeler encore société ? Là est la question. La société conserve-t-elle encore sa dignité si elle établit des seuils de dignité, soumettant la dignité au suffrage censitaire ? Les libéraux – philosophiques – diront : que les plus forts gagnent, que chacun se débrouille, on n'a pas besoin de trop de société, le minimum suffira, nous avons nos écoles, nos quartiers, nos commerces, notre médecine, notre sécurité, que voulez-vous la vie est injuste ! Mais ça, ce n'est plus la société... Si la société existe, elle n'a certes pas besoin d'être envahissante, mais elle doit répondre présent aux plus faibles en commençant – au minimum – par attester de leur dignité. Ce qu'on appelle le service public, ce n'est que cela. Dès qu'il s'agit de faire autre chose que de s'occuper des plus faibles, d'être au service des autres, de tous les autres, le service public est d'ailleurs moins légitime, compétent et efficace. La société ne se proclame pas société. Elle ne le devient que dans la mesure où son comportement est cohérent avec sa mission. La société est sociale et solidaire quand son agir est social et solidaire. On éprouve un bien-être à vivre dans cette société qui est cohérente. S'il y a malaise de la société, n'est-ce pas qu'il y a incohérence, indignité vis-à-vis de la mission ?

Le visage de Paul, trisomique, me signifie qu'il veut vivre en société. Il me dit que sa dignité est inaliénable et qu'il entend bien que son pays, la France, le reconnaisse. Il est trisomique, parfaitement conscient d'avoir un chromosome en trop, mais il sait lire et comprendre beaucoup de choses, surtout les plus importantes, celles qui ont trait à la vie, à l'amour, à la mort. Or, il ne veut pas lire que, pour de savantes études reprises dans des documents publics, le pire est toujours la naissance d'un enfant trisomique. Quelle image de la personne trisomique la société prend-elle le risque de donner en rapportant impunément que pour la plupart des femmes, la naissance d'un enfant différent est un scénario absolument inenvisageable ? La grande majorité des Français voulaient conserver la peine de mort et on l'a pourtant abolie, les artisans de cette réforme ayant délibérément choisi de se battre sur le principe, restant sourds à tous les arguments contraires, quelquefois excellents. Qui songerait à le leur reprocher aujourd'hui ? À quoi sert un ministère chargé des personnes handicapées quand l'attitude la plus offensante à l'égard de la dignité de ces personnes est entretenue par d'autres services du même État ? Supprimons les vitrines hypocrites et ayons le courage d'être vrais. Ou la société affiche clairement la couleur de l'eugénisme et elle n'a pas besoin de ministère en charge du handicap, sauf à vouloir un cache-misère honorable pour une politique d'éradication qui ne dit pas son nom. Ou la société est ouverte à tous sans exception et le ministère en charge de la santé s'occupera de la santé de tous, trisomiques compris, comme l'école dispense une scolarité à tous, comme le ministère de l'Intérieur et celui de la Défense garantissent la sécurité de tous.

La société n'est pas intrinsèquement eugéniste. Elle est conduite à l'être, malgré elle, par de mauvais génies de passage qui parviennent à mettre en place un système eugéniste sous des prétextes fallacieux. Mais, au fond d'eux-mêmes, ce n'est pas ce que pensent, ni veulent, ni aiment nos contemporains. Il importe donc au plus haut point que la société véhicule, dorénavant, moins une information technique sur ce qu'est la trisomie (on a vite compris) qu'un message de vérité sur ce que sont les personnes touchées par la trisomie 21, ce qui demande plus de tact. Ces patients sont comme vous et moi. Ils souffrent d'une maladie particulière, comme nous souffrons nous-mêmes – ou souffrirons – d'autres maladies particulières, chacun à notre tour. Ce n'est pas la peine de verser dans le misérabilisme. La trisomie 21 est une misère parmi bien d'autres. Elle n'est pas la plus légère, mais elle n'est pas la plus lourde non plus. Rien, absolument rien, ne justifie de faire du dépistage généralisé, assorti de critères de performance en termes de naissances évitées, une priorité de santé publique.

Pour qu'un message délibérément positif soit délivré au sujet des personnes porteuses de la trisomie 21, un certain nombre d'associations remuent ciel et terre, c'est nécessaire, ce n'est pas suffisant. En réalité, il y a des actions prioritaires à mener qui ne peuvent l'être qu'au niveau de l'État. Elles sont quatre et ne demandent pas un financement considérable. Ce sont les quatre temps d'un travail en profondeur sur la représentation de ce que sont les personnes trisomiques.

La première action consiste à travailler, très en amont, au moment de la scolarisation et de la formation. En effet,

> les parents se représentent la maladie dépistée, par exemple la trisomie 21, en grande partie en fonction de schémas véhiculés par l'école, l'entourage ou les médias. Ils sont alors directement confrontés aux aides proposées aux familles ayant la charge d'une personne handicapée. Ils anticipent le rejet dont leur futur enfant, du fait de sa maladie, sera victime dès l'école primaire et jusque dans la vie professionnelle[1].

Les collégiens et lycéens, en classes de SVT, les médecins, à l'université, les sages-femmes, les infirmières et tous les soignants, en école, ne doivent donc plus découvrir les trisomiques seulement au travers du prisme réducteur de la trisomie, maladie maudite, ennemie numéro un de la femme enceinte. Les personnes trisomiques, comme tous les autres malades, ne se résument pas à la maladie dont elles sont porteuses. Les élèves et étudiants ne doivent pas apprendre que

---

1. Agence de la biomédecine, *État des lieux du diagnostic prénatal en France*, 2008.

le dépistage généralisé des trisomiques est le seul remède à la trisomie parce que c'est un mensonge sur le plan intellectuel et une lâcheté sur le plan de la solidarité. Les livres et manuels qui portent ces mentions – c'est-à-dire aujourd'hui pratiquement tous ceux qui évoquent la trisomie – seront sévèrement jugés par l'histoire. La science doit s'en tenir à son champ d'expression – description du phénotype/génotype – et n'a pas à déborder sur le terrain d'une prétendue politique de santé publique à mettre en œuvre. L'éducation à la citoyenneté peut, pour sa part, prendre le relais en rappelant qu'on ne doit jamais reprocher à un être ce qu'il est physiquement, en l'occurrence d'être porteur de la trisomie, car il n'y est pour rien. Aussi, est profondément antisocial le fait de tuer un être humain pour ce qu'il est : trisomique.

La deuxième action vise à refuser le pilotage de la demande par l'offre s'agissant de la proposition des tests de dépistage de la trisomie. Ceux-ci ne doivent plus être obligatoirement proposés à toutes les femmes enceintes, ce qu'aucun raisonnement autre qu'eugéniste et/ou de rentabilité ne justifie. Tout vient d'une ambiguïté : les tests, s'ils ne sont pas imposés aux femmes, sont imposés aux médecins qui, eux, doivent obligatoirement les proposer aux femmes enceintes. Moyennant quoi, le système s'est judiciarisé à l'excès et tend à faire évoluer l'obligation de moyens du médecin vers une obligation de résultat : donner naissance à un enfant sain ou en rendre compte devant le tribunal comme l'a montré l'affaire Perruche. Si l'obligation de proposer les tests disparaît et si la liberté est rendue aux médecins, nul ne pourra plus leur reprocher devant la justice de n'avoir pas tout fait pour donner naissance à un enfant parfait. Le système doit être refondé sur la confiance aux médecins. Ils doivent conserver l'entière liberté de proposer les tests, en conscience, s'ils les jugent utiles. Et rien n'interdit d'éclairer les consciences en la matière, ce que l'on s'emploie à faire pour toutes les autres maladies, excepté la trisomie. De même, le bénéfice des tests doit être accordé aux femmes qui le demandent. De la sorte, on casserait la spirale génocidaire décrite plus haut. On n'imposerait pas à qui que ce soit – femme ou médecin – un quelconque ordre moral mais on éviterait au moins à la puissance publique d'imposer le sien qui n'est pas forcément le mieux inspiré. La norme suprême, ce ne serait plus la disparition programmée des trisomiques, financée par l'assurance maladie. Quant aux femmes enceintes, elles n'ont pas à être instrumentalisées afin de rentabiliser les investissements des industries qui ont développé les tests. Ajoutons qu'en modifiant notre politique de dépistage de la trisomie, nous ne ferions que rejoindre d'autres pays européens qui ont, à cet égard, des pratiques moins dirigistes. Ainsi, la Suède, par exemple, a choisi de ne pas se doter d'une politique de dépistage de la trisomie 21[1].

La troisième action cherche à optimiser l'annonce du handicap tant en anténatal qu'en postnatal. Nous avons reçu un jour, à la Fondation Jérôme Lejeune, l'appel d'une sage-femme d'un grand hôpital public parisien, qui nous a interpellés en ces termes : « *J'ai une femme qui veut garder sa grossesse trisomique 21. Je sais comment faire pour interrompre sa grossesse, mais je ne sais pas comment l'accompagner si elle veut le garder. Pouvez-vous m'aider ?* » Il est anormal, en effet, que des professionnels de santé ne sachent pas comment s'y prendre non seulement pour annoncer qu'un enfant attendu est porteur d'un handicap mais pour l'accompagner sur le chemin de l'accueil, ce qui devrait être la norme. Ce n'est pas parce qu'elle est difficile que l'annonce du handicap n'est pas bien faite, ou parce que les médecins seraient moins bons qu'avant, mais c'est parce qu'elle ne leur est pas correctement enseignée. Annoncer une maladie grave à un adulte, apparemment en pleine forme, n'est pas en soi plus facile que d'annoncer la trisomie d'un enfant attendu ou qui vient de naître. Ce qui rend

1. *Prenatal screening policies in Europe*, Eurocat, 2005.

l'annonce du handicap difficile, en vérité, c'est le dépistage et sa finalité qui ont vidé l'exercice de sa substance. L'apprentissage et l'expérience de l'annonce du handicap ont disparu au profit du développement d'une offre de choix aux parents, ce qui n'est pas du tout le même exercice. Si l'annonce du handicap était pratiquée comme l'est l'annonce d'une maladie grave, la dérobade du choix laissé aux parents n'existerait pas, par définition. En revanche, la confiance dans la médecine, l'espoir raisonnable dans la science, la prise en charge pluridisciplinaire, compétente et compatissante, seraient les outils de l'annonce du handicap et il n'y a aucune raison de penser qu'ils seraient moins opérants que pour l'annonce d'une maladie grave. Or, non seulement ces outils traditionnels sont sous-exploités aujourd'hui, mais on assiste encore à des surenchères de catastrophisme dans l'annonce de la trisomie 21. Pourquoi réserver à cette seule maladie une sémantique subjective, impropre et blessante ?

Les parents confient parfois les propos qu'ils ont entendus avant la naissance. Je revois cette femme : « *On m'a dit que mon enfant serait un monstre bavant et rampant. Il ne me dira jamais maman.* » Ou encore : « *Ce sera un calvaire, un chemin de croix, un enfer, madame, votre enfant sera handicapé mental, il ne pourra pas aller à l'école, il sera à votre charge pendant des dizaines d'années. En plus, il va vous survivre et alors qui s'occupera de lui ? La société ne fait rien pour les personnes handicapées vieillissantes.* »

Les parents rapportent aussi ce qu'ils entendent après la naissance : « *Le médecin qui m'a accouchée m'a dit : Il est mongol, je vous avais prévenu madame.* » Ou bien : « *Désolé, mais il n'y a rien à faire pour l'améliorer, la médecine est impuissante.* » Pour quelle autre pathologie tolérerait-on ces propos qui n'ont rien à voir avec l'annonce du handicap et qui constituent, de toute évidence, de graves fautes professionnelles ? Depuis une quinzaine d'année, des progrès ont été accomplis dans ce domaine, en général, mais il reste encore beaucoup à faire par rapport à l'annonce de la trisomie.

Enfin la dernière action envisagée impose à la société le devoir de compenser, autant que faire se peut, le handicap, pour montrer aux familles qui devront y faire face qu'elles ne seront jamais seules. Le premier devoir de la puissance publique est d'être à leurs côtés, solidaire, compatissante, et surtout efficace. Supposant une représentation positive de la personne handicapée mentale, acquise grâce aux phases précédemment décrites, c'est peut-être l'étape la plus importante. Heureusement, elle est déjà engagée du fait de la loi du 11 février 2005, elle-même fruit bénéfique des travaux du Parlement et des débats intenses causés par l'affaire Perruche dont nous avons parlé. S'agissant du handicap mental, par rapport au handicap physique ou sensoriel, l'effort demandé à la société est plus consistant. Il faut toujours vaincre une mystérieuse peur. L'accession en crèche, puis en maternelle et à l'école ordinaire de la République est une conquête de haute lutte. La possibilité de travailler, d'être logé de manière autonome, est fondamentale mais elle n'est pas garantie. L'ouverture de places suffisantes, en quantité et en qualité, dans les institutions pour les personnes handicapées vieillissantes est un enjeu crucial et, hélas, loin d'être atteint. Il est étonnant et douloureux de découvrir que la première préoccupation des jeunes parents, à la naissance de leur enfant handicapé, est souvent de savoir, quand ils auront disparu, comment leur survivra celui qui sera alors devenu une personne vieillissante. Un tel souci, prématuré pour ceux qui ne sont pas concernés, et qui reste encore sans réponse certaine, doit impérativement être épargné aux parents. Sans vouloir accabler les services de l'État, il faut reconnaître que l'allongement de la durée de la vie des personnes trisomiques était une donnée disponible depuis longtemps. Ce genre d'information n'est pas fulgurante et il suffit d'aller la chercher. Faute d'avoir anticipé les besoins et prévu les engagements financiers nécessaires, l'État n'est toujours pas aujourd'hui en mesure de répondre par une offre suffisante et adaptée à la demande. Mais la justice sociale, et la chance d'éviter une aggravation de l'eugénisme, sont à ce prix. Comme l'écrivait Jérôme Lejeune : *« Ce prix, nous pouvons l'évaluer, c'est exactement celui qu'une société doit payer pour rester pleinement humaine. »*

Rendre aux personnes trisomiques ce qui leur est dû

Pour rester pleinement humaine, la société doit aussi rendre justice à ceux qui en ont été privé. Il y a deux manières de rendre justice aux personnes souffrant de la trisomie 21. D'abord, ne plus leur contester le désir et le droit d'être guéris. Ensuite, leur en donner les moyens.

Peut être n'a-t-on pas assez réalisé en quoi les personnes trisomiques sont lésées ? Certes, elles ne peuvent pas toujours aller à l'école, travailler, habiter ailleurs que chez leurs parents ou en foyer, avoir des enfants, etc. Ainsi, par exemple, obliger l'école ordinaire à accueillir un enfant trisomique, alors qu'elle ne le faisait pas avant, peut être une excellente mesure. Beaucoup d'autres mesures peuvent contribuer également à faciliter la vie des personnes trisomiques. Mais la principale raison de la difficulté d'intégration des personnes trisomiques reste leur déficience intellectuelle. Là, réside le nœud de leurs difficultés et la clé pour en sortir.

Or il se trouve que, par un mauvais coup du sort, la prise en charge des personnes trisomiques dans une perspective thérapeutique n'est pas assez crédibilisée ni valorisée. On conçoit facilement que la médecine doit pouvoir se pencher sur elles quand elles sont malades – comme tout le monde – et c'est ce qu'elle fait. Mais les personnes trisomiques ne sont pas toujours malades comme tout le monde. Elles souffrent d'une maladie spécifique, de fond, au long cours, qui est responsable de toute une série de désordres qui les indisposent pendant leur vie entière et ne facilitent pas leur bonne intégration. Il est donc nécessaire que des spécialistes se consacrent à elles pour en « prendre soin » et les accompagner vers « les guérisons » qui sont possibles. Beaucoup de sur-handicaps, de pathologies qui viennent s'ajouter à la trisomie sont décelables, prévisibles, traitables et, pour finir guérissables. C'est la raison pour laquelle il est toujours pénible d'entendre dire qu'on ne peut rien faire pour les handicapés mentaux. C'est mal les connaître, sous-estimer ce que la médecine est capable de leur apporter et ignorer le dévouement des cliniciens.

Mais il faut aller plus loin et partir des guérisons au pluriel pour viser au sommet : la guérison au singulier. Parler de guérison au singulier, ce n'est pas croire au miracle ou promettre la Lune, c'est se mettre en état de penser et de dire que la déficience intellectuelle due à la trisomie peut un jour trouver un remède. Peu importe quand, où, comment et grâce à qui. Dire cela n'a l'air de rien, alors que c'est révolutionnaire. En toute justice, objectivement, on ne comprend pas pourquoi la seule pathologie à se voir refuser la perspective d'un traitement serait la trisomie 21. C'est pourtant ce qui s'est passé pendant des années pour des raisons que j'ai tenté d'expliquer. Or, cette époque est passée, révolue, enterrée. Refuser le mot même de guérison aux personnes trisomiques était une injustice : c'était leur voler l'espoir. De quel droit ? L'espoir véritable n'est pas contraire à la raison. D'ailleurs, on parle d'espoir raisonné. Tous ceux qui souffrent ont le droit imprescriptible d'entretenir un espoir raisonné, les trisomiques comme les autres. Cette victoire d'étape est fondamentale et elle est acquise. De plus en plus, dans le milieu scientifique international, on parle de maladie et pas seulement de handicap. Or, à la différence du handicap que l'on ne peut que compenser, une maladie ça se traite et ça se guérit. De plus en plus, à propos de la trisomie 21, on entend prononcer cette phrase que « *toute perspective thérapeutique n'est pas inaccessible* ». Cette phrase est une promesse de libération. La double négation insiste sur la prudence dont il faut continuer à faire preuve à l'égard des familles. Mais – « moins par moins donne plus » – et la phrase, même prudente, est incontestablement positive. Elle est devenue une sorte d'acquis scientifico-médico-social des personnes trisomiques. On ne leur confisquera plus. Les expropriées de l'espoir scientifique et médical qu'ont été les personnes trisomiques sont réhabilitées dans leurs droits. Elles ne sont pas prêtes de les abandonner. Elles doivent pouvoir les faire valoir. Il faut rendre « opposables » ces droits de la personne trisomique à être prise en charge, soignée et traitée dans une perspective qui ne soit pas seulement palliative, mais délibérément thérapeutique. Une personne trisomique doit pouvoir interpeller l'État – législatif, exécutif et judiciaire – sur ce qui est fait concrètement dans ce sens, non pas d'une obligation de résultat mais de moyens. Ce n'est pas le tout de décliner, à la moindre occasion médiatique, des chartes généralistes des droits de la personne handicapée. Quels sont les objectifs, les moyens, les indicateurs, les contrôles, dans le domaine de la recherche en vue de réduire la déficience intellectuelle ?

Le professeur Jean-François Mattei, généticien, dans son rapport de 1996 sur la généralisation du dépistage de la trisomie 21, avait engagé l'État à cet égard. Il avait demandé qu'un effort de recherche à visée thérapeutique équivalent sur la trisomie 21 soit consenti, *« sauf à croire que le choix est fait de l'élimination plutôt que de la compréhension des causes de l'affection dans le but de mieux prévenir »*. L'exigence est élevée, ce n'est pas un engagement à la légère, il est même conditionnel d'une politique de santé non eugéniste. Il s'agit en effet de développer un effort « équivalent », donc que la recherche à visée thérapeutique soit aussi soutenue que le dépistage ! Et si cet effort n'est pas au rendez-vous, cela signifie clairement que le choix de l'élimination est privilégié... Aujourd'hui, nous sommes encore loin du compte dans la mesure où les seules recherches qui sont soutenues par l'État sur la trisomie 21 ne concernent que l'amélioration des techniques de dépistage, les recherches à visée thérapeutique n'étant pas financées par la puissance publique, mais seulement par des fonds privés.

C'est pourquoi, afin de donner une suite à l'engagement du Pr. Mattei, vis à vis des personnes concernées et de leurs familles, exprimé il y a treize ans, il serait équitable que soit créé un fonds public pour la recherche à visée thérapeutique sur la trisomie 21. Ce fonds devrait être alimenté par un prélèvement sur le financement du dépistage de la trisomie 21 : un euro pour le dépistage, un euro pour la recherche à visée thérapeutique. Il ne s'agit donc pas de doubler le budget du dépistage par un budget équivalent attribué à la recherche, mais au contraire de partager le budget du dépistage avec celui de la recherche, comme on aurait dû légalement le faire depuis la mise en œuvre du dépistage. Cette économie serait cohérente avec la libération des médecins de leur obligation de proposer les tests à toutes les femmes enceintes. Si le système finançait moins de dépistage, il pourrait financer plus de recherche, il serait donc plus juste.

Les personnes touchées par la trisomie et leurs familles ne demandent pas une dérogation, ni une exception, ni un passe-droit. Elles réclament simplement l'application d'une exigence exprimée par un éminent généticien, missionné en 1996 pour mettre en place le dépistage de la trisomie 21, porteur, comme parlementaire, de la première loi de bioéthique en 1994, puis porteur, en tant que ministre, de la seconde loi de bioéthique en 2004. C'est dire si ces prétentions sont raisonnables.

À l'opposé d'une revendication catégorielle, il n'est question que de tenir la promesse faite aux personnes trisomiques, il y a treize ans, et restée lettre morte.

Il n'est question aussi que de se libérer de l'emprise d'une mécanique dont nous avons montré la logique eugéniste, voire génocidaire.

Il n'est question enfin que de faire progresser la science car la trisomie, découverte il y a cinquante ans, n'a pas encore dit son dernier mot, ni délivré ses derniers secrets.

Les trois petits chromosomes 21, réunis en bouquet, forment une étoile.

Ce peut être l'étoile des Savants qui viennent se prosterner devant l'Enfant, ou l'étoile jaune de la barbarie.

L'une des finalités enthousiasmantes de nos existences n'est-elle pas de tenter d'accrocher la bonne étoile dans le ciel de notre prochain le plus proche ?

Or, il est possible que ce prochain le plus proche nous attende et ressemble à Gaylord, porteur d'une trisomie 21.

À onze ans, alors qu'on lui demande où et à quel moment de sa vie il est le plus heureux, voilà ce qu'il répond : *« À la maison, tous les matins quand je me lève. »*

Montesquieu ne disait pas autre chose :

> Je m'éveille le matin avec une joie secrète, je vois la lumière du jour avec une espèce de ravissement. Tout le reste du jour, je suis content.

Gaylord, trisomique, 11 ans, retrouve spontanément l'exclamation d'un des hommes les plus intelligents que notre pays ait porté.

Sa capacité à être heureux, à rendre les autres heureux et à communiquer son bonheur à la société, n'est en rien limitée par son chromosome en plus !

Il suffirait simplement que le chromosome 21 n'interdise pas à 96 % des enfants comme Gaylord de vivre...

Pour connaître un épilogue heureux, la tragédie de la trisomie doit trouver ses héros : des hommes politiques qui défendent l'égalité de tous leurs concitoyens, des scientifiques qui revendiquent leur liberté d'esprit, un peuple qui n'attend ni les uns ni les autres pour témoigner d'une fraternité sans exclusive.

Le dénouement de la tragédie de la trisomie, entre nos mains, reste à écrire.

Conclusion

« LE VRAI MYSTÈRE DU MONDE, *c'est le visible, non l'invisible...* », écrivait Oscar Wilde.

Le vrai mystère du monde, c'est l'homme réduit à sa plus simple expression.

Reflet d'une Beauté qui se dérobe, éclat d'un Amour qui nous manque, miroir d'une Vérité inaccessible, l'embryon est victime de sa légèreté.

Comment tout l'homme pourrait-il se résumer à cette trace infinitésimale ?

Littéralement, cela nous paraît incroyable.

Plus la science nous dévoile, nous révèle, nous découvre ce mystère, et moins nous croyons en l'homme.

L'humanité de l'embryon est une certitude scientifique. Mais la preuve de l'homme a tué la foi en l'homme.

En même temps, les quêteurs d'idéal que nous sommes ne cessons de rechercher, très haut et très loin, cet original – Divinité ? Humanité ? – dont l'embryon n'est que la copie.

Ce paradoxe est une tragédie pour ceux qui croient au Ciel autant que pour ceux qui n'y croient pas.

Que vaut, en effet, le discours des humanistes sur les droits de l'Homme, de cet Homme qu'ils ne voient pas, alors que le droit des hommes qu'ils voient est bafoué ?

Comment les croyants peuvent-ils croire en un Dieu qu'ils ne voient pas, alors qu'ils ne croient pas en cet homme qu'ils voient et qu'ils méprisent ?

Le monde sera violent aussi longtemps que la contradiction ne sera pas résolue.

Quels crimes les humanistes pourront-ils empêcher si l'Humanité a déserté les hommes à l'aube de leur existence ?

De quels sacrilèges les croyants devront-ils s'indigner si la négation de l'Incarnation ne les bouleverse pas ?

Croyants et humanistes, faites donc à Dieu et à l'Humanité, invisibles, l'hommage de respecter les images, visibles, qu'ils nous laissent.

TABLE

Cet ouvrage a été composé
par Atlant'Communication
aux Sables-d'Olonne (Vendée).

Achevé d'imprimer en France
le 8 janvier 2009
sur les presses de

52200 Langres - Saints-Geosmes
Dépôt légal : janvier 2009 - N° d'imprimeur : 7716